KB218109

# 예수님의 피의 능력

앤드류 머레이 지음

한길환 옮김

**엘맨**
하나님의 사람을 만들어 가는

# 예수님의 피의 능력

초판1쇄  2020년 7월 31일

지은이 : 앤드류 머레이
옮긴이 : 한길환
펴낸이 : 이규종
펴낸곳 : 엘맨출판사
등록번호 : 제13-1562호(1985.10.29.)
등록된곳 : 서울시 마포구 토정로222
            한국출판콘텐츠센터 422-3
전화 : (02) 323-4060,6401-7004
팩스 : (02) 323-6416
이메일 : elman1985@hanmail.net
www.elman.kr
ISBN : 978-89-5515-684-3 03230

값 12,800 원

# 예수님의 피의 능력

앤드류 머레이 지음

한길환 옮김

엘맨
하나님의 사람을 만들어 가는

## 옮긴이의 글

1973년 5월 30일부터 6월 3일까지 서울 여의도 광장에서 빌리 그래함 목사님의 전도 집회가 있었습니다. 역자도 그 현장에 있었습니다. 광장이 개장된 이래, 가장 많은 100만 명 이상의 인파가 교파를 초월해서 전국 각지에서 모였습니다. 우리 모두는 빌리 그래함 목사님의 주님의 십자가 설교와 조지 비버리 쉬어(george beverly shea)의 중후한 바리톤 목소리로 "주 하나님 지으신 모든 세계"(How great thow art)를 들으며 강력한 하나님의 성령의 임재를 느꼈고 복음을 들은 수많은 사람들이 현장에서 그리스도를 구세주로 영접하는 광경을 목격했습니다.

그 이후로 한국교회는 한국 전체 인구증가율보다 교인이 4배 이상이나 증가하는 비약적인 성장을 거듭했습니다.

그러나 현실은 어떠합니까? 작금의 한국교회는 계속 퇴보하고 있습니다. 성장이 멈춘 나무가 서서히 고사하듯이 한국교회는 고사 위기에 처해 있습니다. 물론 이 사태를 결코 방관하지 않으실 하나님의 절대적인 주권을 믿습니다.

그 쇠퇴 원인은 무엇이라고 생각하십니까? 많은 교회 컨설팅 전문가들이 이 원인을 여러 가지 관점에서 분석하고 해결 방향을 제시합니다. 다 그 나름대로 설득력과 일리가 있습니다.

그러나 역자는 다른 면에서 그 원인을 분석하고 싶습니다. 교회성장에 관한 인간적인 다양한 방법이 필요하지만, 요즘은 교회 강단에서 십자가의 복음, 즉 피 묻은 복음이 사라져 가고 있습니다. 아니 사라져 버렸습니다. 안타까운 현실이 아닐 수 없습니다.

우리가 죄사함을 받고, 의롭다함을 받고, 그리고 구원받는 것은 예수님이 십자가에서 흘리신 피 외에는 없습니다. 그러나 요즘의 현상은 주님의 십자가와 피, 재림에 대해서 설교하거나 전하면 이상하게 생각합니다. 이것은 결코 이단들의 전유물이 아닙니다. 우리가 사수해야 할 복음 중에 복음입니다. 우리 주님의 피 없이는 구원도 교회도 교회 성장도 없기 때문입니다.

한국교회가 뜨거운 성령의 역사로 말미암아 부흥의 감격을 경험하려면 원시복음으로 되돌아가야 합니다. "내가 너희 중에서 예수 그리스도와 그의 십자가에 못 박힌 것 외에는 아무것도 알지 않기로 작정하였음이라."(고전 2:2)

앤드류 머레이 박사는 이 작은 책자에서 성경 전체를 관조(觀照)하면서, 그리스도의 피가 우리에게 미치는 효력에 대해서 말씀합니다. 그리스도께서 십자가에서 흘리신 피의 의미와 그 피가 어떤 효력을 발휘했고 현재 발휘하고 있는지를 알기를 원하는 분들에게 일독을 권하고 싶습니다.

충남 홍성 생명의 강가 작은 서재실에서 한길환 목사

# 머리말

이 책은 지금까지 화란에서만 발간되었던 이미 고인이 된 나의 아버지 앤드류 머레이 목사님의 '예수님의 피의 능력'에 관한 일련의 강의의 한 부분을 번역한 것입니다.

옮긴이는종 남 아프리카 케직 사경회와 관련되어 아버지와 교제하셨던 다년간 아버지의 친한 친구였던 윌리엄 더글러스 목사님입니다. 일생 동안 아버지는 더글러스 목사님에게 '기도 생활'에 관한 책을 번역하도록 허락하셨습니다. 그 결과 더글러스 목사님은 아버지가 돌아가신 후 아버지의 전기 작가가 되셨습니다.

원고를 읽어본 결과 번역이 아주 잘 되었다고 생각합니다. 목사님은 나의 아버지의 생각을 정확하게 재현하셨습니다. 나는 각 장을 기도하며 사려 깊게 읽을 경우 많은 축복이 있을 것이라 확신합니다. 여러분이 우리 구주 예수 그리스도의 피의 능력의 가치를 깨닫고 경험하며 살아가리라 의심하지 않습니다.

하나님을 섬기는 축복이 함께하기를 기원하며,

"클레르보," 웰링턴, C. P. 남아프리카에서,  M. E. 머레이

. . . . . .

번역자 노트: 모든 장을 통해서 머레이 박사님은 오직 "희생 제물의 피"만 언급한다는 것을 기억하는 것이 필요합니다. 성경에서 피는 항상 희생 제물의 피입니다.

3장을 읽을 때 머레이 박사님이 사용했던 네덜란드 성경에서 페르주닝(Verzoening)이라는 단어는 화해를 나타내기 위해서 쓰였다는 것을 주목해야 합니다. 페르주닝(Verzoening)은 화목을 의미하며 화목은 이 책의 번역에서 사용된 단어입니다.

# 목차

# 1 장

## 성경이 피에 대해 가르치는 것

"피 없이는 아니하나니."(히브리서 9:7,18)

하나님은 성경에서 여러 부분과 여러 모양으로 우리에게 말씀하셨습니다. 그러나 하나님의 말씀은 항상 같고 동일하신 하나님의 말씀입니다.

이런 이유로 성경은 분명하고 정확한 진리에 관해서 전체적으로 성경을 대하고 증언을 받아들이는 중요성을 성경의 여러 부분에서 보여 줍니다. 그러므로 우리는 이런 진리들이 실제로 계시록에서 또는 더 정확히 말하면 하나님의 마음에서 차지하고 있는 부분을 알아보기 위해서 배우는 것입니다. 이렇게 하여 또한 우리는 다른 것보다 주의를 요하는 성경의 진리들의 토대가 무엇인가를 발견하기 시작합니다. 진리들이 하나님의 계시에서 각각 새로 출발할 때마다 그렇게 두드러지게 서 있습니다. 제도가 변할 때 변하지 않은 채로, 그들은 그들의 중요성에 대한 신성한 암시를 지니고 있습니다.

이 서문의 따르는 장에서, 성경이 예수님의 피의 영광스러운 능력과 그로 인해 우리에게 얻어지는 놀라운 축복에 대해 우리에게 가르쳐 주는 것을 보여주는 것이 나의 목적입니다. 나의 독자들에게 성경에 기록된 대로 하나님 자신의 계시로 사람에게 처음부터 끝까지 피에 대해서 전하는 대로 나를 따라 독특한 곳을 보라고 권고하는 것보다 나는 나의 해설을 위한 더 나은 토대를 마련할 수 없고 구속의 능력으로서 그 피의 초자연적인 영광에 대해서 더 나은 증거도 할 수 없습니다.

창세기부터 요한계시록까지 "피"라는 말로 표현된 것보다 더 자주 더 두드러지게 염두에 둔 단 하나의 성경의 요점이 없다는 것이 명백해질 것입니다.

우리의 질문은 그러면 성경이 피에 대해서 우리에게 무엇을 가르치느냐 하는 것입니다.

1. 구약성경에서

2. 우리 주 예수 그리스도의 직접 가르침에서

3. 성령의 영감을 받은 사도들의 가르치심에서

4. 요한이 계시록에서 피에 대해서 말하는 것에서


## 1. 구약성경에서


피에 대한 구약성경의 기록은 에덴의 문에서 시작됩니다.

나는 에덴의 숨겨진 신비 속으로 들어가지 않습니다.

그러나 아벨의 희생제물과 관련하여 생각해보면 모든 것은 분명합니다. 아벨은 희생 제물로 주님께 "그의 양의 첫 새끼"를 드렸습니다. 그런데 성경에 기록된 예배의 첫 행위와 관련하여 피가 흘려졌습니다. 우리는 아벨이 "믿음으로" 하나님의 마음에 맞는 희생 제물을 드렸다는 것과 그의 이름이 성경이 "믿는 사람들"이라고 칭하는 사람들의 기록에 선두에 있다는 것을 히브리서(11:4)에서 봅니다. 그는 "하나님을 기쁘시게 했다."는 증언을 얻었습니다. 그의 믿음과 그에 대한 하나님의 은택이 희생의 피와 밀접하게 관련이 되어 있습니다.

후에 계시의 관점에서 보면, 인간 역사의 바로 초기에 제시된 이 증언은 깊은 뜻이 있습니다. 이 증언은 피를 제외하는 하나님께 접근할 수 없고, 믿음으로 하나님과 교제할 수도 없고, 하나님의 은혜의 기쁨도 있을 수 없다는 것을 보여 줍니다.

성경은 그렇지만 다음 16세기에 대해서 촉박한 통고를 합니다. 그 다음에 죄에 대한 하나님의 심판인 홍수가 닥쳐서 인류의 세계가 멸망했습니다.

그러나 하나님은 무시무시한 물세례로부터 새 땅을 나타내셨습니다. 그러나 새 땅은 또한 반드시 피로 세례를 받아야 한다는 것과 노아가 방주를 떠난 후, 그의 첫 행동으로 하나님께 번제물을 드렸다는 것을 주목하십시오. 아벨과 마찬가지로 노아 역시 새로운 시작을 할 때 "피 없이는 아니."(히 9:7)했습니다.

죄가 또다시 만연했습니다. 그래서 하나님은 세상에 자신의 나라를 세우시기 위해서 완전히 새로운 토대를 놓으셨습니다.

아브라함에 대한 하나님의 부르심으로, 이삭의 기적적인 출생으로, 하나님은 자신을 섬길 사람의 토대를 착수하셨습니다.

그러나 이러한 목적은 피 흘림 외에는 성취되지 않았습니다. 이것은 아브라함의 생애에 가장 엄숙한 순간이었음이 분명합니다.

하나님은 이미 아브라함과 언약관계로 들어가셨고, 그의 믿음은 이미 혹독하게 시험을 받았고 그는 시험을 견뎌냈습니다. 믿음은 의(義)로 간주되고 의(義)로 여겨졌습니다. 그럼에도 불구하고 그는 전적으로 하나님의 소유인 약속의 아들 이삭이 참으로 죽음으로만 하나님께 넘겨 드릴 수 있다는 것을 알아야 합니다.

이삭은 반드시 죽어야 합니다. 아브라함 뿐만 아니라, 이삭도 죽음으로만 자아-생명에서 자유를 얻을 수 있습니다.

아브라함은 이삭을 반드시 제단에 바쳐야 합니다.

그것은 하나님의 독단적인 명령이 아니었습니다. 생명이 참으로 하나님께 바쳐질 수 있는 것은 죽음을 통해서만 가능하다는 것은 하나님의 진리의 계시였습니다. 그러나 이삭이 죽고 죽은 자 가운데서 다시 살아나는 것은 불가능했습니다. 이는 죄 때문에 죽음이 그를 꽉 붙잡고 있었기 때문이었습니다. 그러나 보십시오, 그의 생명이 살아남았습니다. 한 어린 양이 그 대신에 바쳐졌습니다. 모리아 산에서 그때 흘렸던 그 피를 통해서 그의 생명이 살아남았습니다. 그와 그에게서 태어난 민족들은 "피 없이는" 하나님 앞에서 살아남지 못합니다. 그러나 그 피로 그는 되살아난 사람의 앞선 표상이었습니다. 대체 죽임이라는 아주 중요한 교훈을 여기에서 분명하게 알려 줍니다.

400년이 지난 후 이삭은 애굽에서 이스라엘 백성이 되었습니다. 애굽의 속박에서 이스라엘의 구원을 통해서 이스라엘은 여러 민족들 가운데 하나님의 장자로 인정받게 되었습니다. 여기서도 또한 "피 없이는 아니했다." 하나님의 선택하시는 은혜도, 아브라함과 그분의 언약도, 그렇게 쉽게 그들의 압제자들을 파멸시킬 수 있었던 그분의 전능하심의 발휘도, 피의 필요성을 면제시킬 수 없었습니다.

민족의 조상이었던 한 사람을 위해서 모리아 산에서 피가 성취했던 것을 이제 그 민족이 경험을 해야만 합니다. 유월절 어린 양의 피를 이스라엘의 문틀에 뿌림으로, "내가 피를 볼 때에 너희를 넘어 가리라."(출 12:13)는 말씀의 영속적인 유월절

의 규례로 백성들은 생명은 대체 죽음으로만 얻을 수 있다는 것을 배웠습니다. 생명은 그들 대신에 주어진 생명의 피로만 그들에게 가능하게 되었고 "그 피를 뿌림"으로만 적절하게 되었습니다.

50일 후, 이 교훈은 눈에 띄는 방식으로 시행되었습니다. 이스라엘은 시내 산에 도착했습니다. 하나님은 그분의 언약의 토대로 그분의 율법을 주셨습니다. 그 언약은 이제 "피 없이는 들어가지 아니하였으니"라고 히브리서 9장 7절에 분명히 말씀한 대로 세워졌습니다. 희생의 피가 먼저 제단 위에, 그 다음 그 언약의 하나님 편을 대표하는 언약의 책 위에, 그 다음에 "이것은 너희와 세운 언약의 피니라."(출 24:8)는 선언과 함께 백성들 위에 뿌려져야만 했습니다.

언약이 토대와 능력이 있는 것은 그 피에 있었습니다. 하나님과 사람 간에 언약의 교제를 시행할 수 있도록 하는 것은 오직 피뿐입니다. 에덴의 문에서, 아라랏 산 위에서, 모리아 산 위에서 그리고 애굽에서, 시내 산 기슭에서 예시되었던 것이 이제 가장 엄숙한 방식으로 확정되었습니다. 피 없이는 죄 많은 사람이 거룩하신 하나님께 접근할 수 없습니다.

그러나 전자의 피를 적용하는 방식과 후자의 피를 적용하는 방식을 비교할 때 뚜렷한 차이점이 있습니다. 모리아 산에서 생명은 피를 흘림으로 구속을 받았습니다. 애굽에서 생명은 집의 문설주에 피를 뿌림으로 구속을 받았습니다. 그러나 시내 산에서는 사람들 자신 위에 위에 뿌려졌습니다. 접촉은 더 가까워졌고 적용은 더 강력해졌습니다.

언약을 세운 후 즉시 "내가 그들 중에 거할 성소를 그들이 나를 위하여 짓도록 하라"(출 25:8)는 명령이 언약의 증여를 받는 사람들에게 내려졌습니다. 그들은 그들 가운데 거하시는 언약의 하나님을 모시는 최고의 축복을 누렸습니다. 그분의 은혜를 통해서 그들은 그분을 찾고 그분의 집에서 그분을 섬길 수 있었습니다.

그분 자신이 세심한 주의를 기울여 그 집에 대한 배치와 봉사를 위한 지시를 내리셨습니다. 그러나 피가 이 모든 것의 중심과 근거라는 것을 주목하십시오. 하늘의 왕의 이 세상 성전 입구로 가까이 다가가십시오. 그러면 맨 먼저 보이는 것은 번제를 드리는 제단이 있습니다. 거기에서 아침부터 저녁까지 끊임없이 피 뿌림이 계속됩니다. 성소로 들어가십시오. 그러면 가장 눈에 잘 띄는 것은 휘장과 함께 끊임없이 피가 뿌려진 금 향단이 있습니다. 성소 너머에 무엇이 있는지 물어보십시오. 그러면 여러분은 하나님이 거하시는 지성소가 있다는 대답을 들을 것입니다. 만일 여러분이 그분이 어떻게 거기에 거하시고 어떻게 다가오시는지를 물어본다면, "피가 없이는 아니하나니."(히 9:7)라는 말씀을 들을 것입니다. 그분의 영광이 빛나는 금 보좌 자체는 피가 뿌려집니다. 일 년에 한번 대제사장이 홀로 피를 가지고 하나님을 예배하기 위해서 들어갑니다. 그 예배에서 대제사장의 최고의 행동은 피를 뿌리는 것입니다.

만일 여러분이 더 묻는다면 언제나 모든 것을 위해 단 하나 피가 필요하다는 대답을 들을 것입니다. 성전 헌당 때, 또는 제사장들의 임직 때, 자녀의 출생 때, 죄 때문에 깊은 회개를 할 때, 최고의 축제때, 항상 하나에서 열까지, 하나님과 교제로 나아가는 길은 오로지 피를 통해서입니다.

이것은 1500년간 계속되었습니다. 시내 산에서, 광야에서, 모리아 산에 있는 성전에서 피 뿌림은 계속되었습니다. 우리 주님이 실체를 들여오심으로써 모든 그림자를 끝내시고 영(인간의 영-역주)과 진리로 거룩하신 분과 교제를 쌓으러 오셨을 때까지 계속되었습니다.

## 2. 우리 주 예수 그리스도의 직접 가르치심에서

주님이 오심으로 옛 것은 지나가고 모든 것이 새롭게 되었습니다.

주님은 하늘에 계시는 아버지께로부터 오셨습니다. 그래서 주님은 우리에게 아버지께 가는 길에 대해서 하나님의 말씀을 하실 수 있으십니다.

때때로 "피 없이는 아니하니라"는 말씀은 구약에 속한다고 말합니다. 그러나 우리 주 예수 그리스도께서 무엇이라 말씀하십니까? 먼저 세례 요한은 그분이 오신다는 것을 알릴 때, "세상 죄를 지고 가는 어린 양"과 "성령으로 세례를 베푸시는 분"으로, 이중 직무를 충족시키는 분으로 그분에 대해서 말했습니다. 성령의 부음을 받기 전에, 하나님의 어린 양의 피의 부음이 일어나야 합니다. 구약이 피에 대해서 가르쳤던 모든 말씀이 성취되었을 때만이 성령의 시혜(施惠)가 시작될 수 있습니다.

주 예수 그리스도께서 친히 십자가에서 죽으신 것은 그 분이 세상에 오신 목적이었고 그분이 가져오신 구속과 생명에 필요한 조건이었다는 것을 분명하게 선언하셨습니다. 주님은 그분의 죽으심과 관련해서 그분의 피 흘림이 필요했다는 것을 분명하게 말씀하셨습니다.

가버나움의 회당에서 주님은 자신에 대해서 "생명의 떡"(그분의 몸-역주)이라고 말씀하시고 "그분이 세상의 생명을 위해서 그것을 주실 것"을 말씀하셨습니다. 네 번 반복해서 주님은 아주 단호하게 말씀하셨습니다. "인자의 피를 마시지 아니하면 너희 속에 생명이 없느니라."(요 6:53) "나의 피를 마시는 자는 영생이 있고."(요 6:54) "내 피는 참된 음료로다."(요 6:55) "내 피를 마시는 자는 내 안에 거하고 나도 그의 안에 거하나니."(요 6:56)라고 말씀하셨습니다. 우리 주님은 이와 같이 그분 자신이 우리의 잃어버린 생명을 되찾기 위해서 오신 아버지의 아들로, 우리를 위해서 죽으심으로, 우리를 위해 피를 흘리심으로, 우리를 피의 능력의 참여자로 만드는 것 외에 달리 방법이 없다는 핵심적인 사실을 선언하셨습니다.

우리 주님은 사람은 다른 사람의 죽음을 통해서만 살 수 있고, 부활을 통해서 영생이 있는 생명을 얻을 수 있다는 구약의 제물에 대한 가르침을 확증하셨습니다.

그러나 그리스도는 직접 그분이 피를 흘리셔서 피를 우리에게 마시게 하시는 것 외에 그분이 우리를 위해서 획득하신 영생의 참여자가 되게 할 수 없으십니다. 경탄할 만한 사실! 피 없이는 영생이 우리의 것이 될 수 없다는 것입니다.

동시에 눈에 띄는 것은 우리 주님이 그분의 이 세상 삶의 마지막 밤에 같은 진리를 선언하신 것입니다. 주님이 자신의 생명을 "많은 사람의 대속물"(막 10:45)로 주심으로 그분의 생애의 위대한 일을 마치시기 전 주님은 성만찬을 제정하시고 말씀하셨습니다. "이 잔은 죄사함을 얻게 하려고 많은 사람을 위하여 흘리는 바 나의 피 곧 새 언약의 피니라."(마 26:28) "너희가 다 이것을 마시라."(마 26:27) "피흘림이 없은 즉 사함이 없느니라."(히 9:22) 죄사함 없이는 생명이 없습니다. 그러나 주님이 피를 흘리심으로 그분은 우리를 위한 새 생명을 얻으셨습니다. 그분의 피를 마시라고 요청하심으로 주님은 그분의 생명을 우리와 나누십니다. 죄와 죄책과 죽음과 죄의 형벌로부터 우리를 자유하게 하는 속죄의 피 우리가 믿음으로 마시는 피는 우리에게 그분의 생명을 줍니다. 주님이 흘리신 피는 우선 우리를 위한 것으로 우리에게 주셨습니다.

### 3. 사도들이 가르치는 것에서

부활 승천하신 후, 사도들은 우리 주님을 더 이상 "육신으로" 볼 수 가 없었습니다. 이제 상징적이었던 모든 것이 사라지고, 상징적으로 나타났던 깊은 영적인 진리들이 베일을 벗었습니다.

그러나 피의 베일은 없습니다. 피는 아직도 중요한 위치를 차지합니다.

그리스도께서 오셨기 때문에 성전 예배가 무익하게 되어서 하나님이 없애셨다는 것을 의도적으로 보여 주기 위해서 기록된 히브리서를 펴봅시다.

여기 어딘가에 그런 곳이 있다면 그것은 성령께서 하나님의 목적인 진정한 영성을 강조하는 것이라고 예상할 수 있습니다. 그렇지만 다음 구절에서 예수님의 피에 대한 새로운 가치를 어느 정도 알려주는 말씀이 있습니다.

우리는 "자기의 피로 단번에 성소에 들어가셨다."(히 9:12)는 우리 주님에 관한 말씀을 읽습니다.

"그리스도의 피가 너희 양심을 죽은 행실에서 깨끗하게 할 것이다."(히 9:14)

"그러므로 형제들아 우리가 예수의 피를 힘입어 성소에 들어갈 담력을 얻었느니라."(히 10:19)

"새 언약의 중보자이신 예수와 및 아벨의 피보다 더 나은 것을 말하는 것을 말하는 뿌린 피니라."(히 12:24)

"그러므로 예수도 자기 피로써 백성을 거룩하게 하시려고 성문 밖에서 고난을 받으셨느니라 그런즉 우리도 그의 치욕을 짊어지고 영문 밖으로 그에게 나아가자."(히 13:12, 13)

"하나님-우리 주 예수 그리스도를 죽은 자 가운데서 다시 이끌어내신-영원한 언약의 피를 통해서."(히 13:20)

앞에 이미 언급한 말씀으로 성령께서 피가 우리의 완전한 구속의 핵심적인 능력이라는 것을 우리에게 가르치십니다. "피가 없이는 아니하나니."(히 9:7)라는 말씀은 구약에서처럼 신약에서도 유효합니다.

죄 때문에 그분이 죽으실 때 흘리신 예수님의 피만이 하나님 편에서 죄를 덮거나 또는 우리에게서 죄를 없앨 수 있습니다.

우리는 사도들의 편지에서 같은 가르침을 발견합니다. 바울 사도는 "그리스도 예수 안에 있는 구속으로 말미암아 하나님의 은혜로 값없이 의롭다 하심을 얻은 자 되었느니라...그의 피로 인하여 믿음으로 말미암는 화목 제물로 세우셨으니(롬 3:24, 25) 이제 그의 피로 말미암아 의롭다하심을 받았다."(롬 5:9)고 말씀합니다.

고린도서에서 그는 "우리가 축복하는 바 축복의 잔은 그리스도의 피에 참예함이다."(고전 10:16)라고 선언합니다.

갈라디아서에서 그는 같은 의미를 전달하기 위해서, "십자가"란 말을 사용합니다. 한편 골로새서에서 그는 두 말을 합쳐서 "우리 주 예수 그리스도의 십자가의 피"에 대해서 말씀합니다(갈 6:14; 골 1:20).

그는 에베소서에서 "그의 피로 말미암아 속량 곧 죄사함을 받았다.""이제는 전에 멀리 있던 너희가 그리스도 예수 안에서 그리스도의 피로 가까워졌다."고 다시 한 번 알려 줍니다.(엡 1:7; 2:13).

베드로는 그의 편지의 수신자들에게 그들이 "순종함과 예수 그리스도의 피 뿌림을 받기 위하여 선택받은 자들."(벧전 1:2), "어린 양의 피 같은 그리스도의 보배로운 피"(벧전 1:19)로 구속받았다는 것을 상기시킵니다.

요한이 하나님의 아들 예수 그리스도의 피가 모든 죄로부터 우리를 깨끗케 하신다는 것을 그의 "어린 제자들에게" 어떻게 확실하게 말하는지를 보십시오(요일 1:7). 하나님의 아들은 "물로만 아니요 물과 피로 오신 분"이십니다(요일 5:6).

이 구절은 모두 그리스도를 통한 영원한 구속의 능력으로 피를 거론하고 피 안에 영광이 있다는 것에 함께 동의하고 이 모든 것이 완전히 성취되고 동시에 성령에 의해서 적용됩니다.

## 4. 요한이 계시록에서 피에 대해서 우리에게 말하는 것에서

그러나 아마도 이것은 단지 땅의 언어일 것입니다. 하늘이 무엇이라고 말합니까? 우리는 미래의 영광과 피에 관해서 계시록에서 우리는 무엇을 배워야 하겠습니까?

하나님이 이 책에서 주신 계시에서, 그분의 보좌의 영광과 보좌를 둘러싸고 있는 사람들의 축복과 피는 눈에 띄게 확실한 곳에 계속 보존된다는 것을 아는 것이 아주 중요합니다.

보좌 위에서 요한은 "죽임을 당한 것 같은 어린 양을 보았습니다"(계 5:6). 장로들이 그 어린 양 앞에 엎드려 그들이 새 노래를 부르면서 "두루마리를 가지시고 그 인봉을 떼시기에 합당하시도다...죽임을 당하사 각 족속과 방언과 나라 가운데서 사람들을 피로 사서 드리셨기 때문이니이다."(계 5:8,9)라고 말합니다.

후에 요한이 사람이 셀 수 없는 큰 무리가 함께 있는 것을 보고, 그가 그들이 누구인가에 대한 질문을 하자 "그들은 어린 양의 피에 그 옷을 씻어 희게(계 7:14)한 사람들"이라는 대답을 들었습니다.

또 한편으로 요한이 그들을 핍박했던 사탄의 패배에 대한 승리의 노래를 들었는데, "그들은 어린 양의 피로...그를 이겼습니다"(계 12:11).

하늘의 영광 중에 요한이 보았던 것처럼 하나님의 위대하신 목적, 하나님의 아들의 놀라운 사랑, 그분의 구속의 능력, 그리고 구속받은 사람의 기쁨과 감사를 "어린 양의 피" 이것 외에 요약해서 표현할 수 있는 말은 없습니다. 성경 처음부터 끝까지, 하늘의 문이 닫히고 시온의 문이 열리기까지, 성경에는 황금 줄거리가 넘칩니다. 그러나 성경의 처음과 끝을 일치시키고 죄가 파멸시킨 것을 영광스럽게 회복시키는 것은 "그리스도의 피"입니다.

주님의 피가 성경에서 그와 같이 눈에 띄게 차지하고 있는 것으로부터 우리가 무엇을 배우기를 원하시는 가를 보는 것은 어렵지 않습니다.

(1) 하나님은 피를 통하는 것 외에 죄 또는 죄인을 처리하는 다른 방법이 없으십니다.

죄에 대한 승리와 죄인들을 구원하기 위해서 하나님은 "그리스도의 피" 외에 다른 수단이나 생각이 없으십니다. 그렇습니다. 그것은 실로 모든 이해력을 뛰어 넘는 것입니다.

은혜의 모든 기적은 주님이 우리의 육신과 피를 취하신 성육신, 자신을 아끼지 않으시고 죽음에 내어주신 사랑, 형벌을 떠맡을 때까지 죄를 용서하실 수 없는 의(義), 의로우신 분이 불의한 우리를 대신해서 죄를 속죄하신 대속, 그리고 죄에 대한 속죄와 죄인에 대한 칭의(稱義)가 이와 같은 것을 가능하게 해서 하나님과 교제를 다시 시작하게 하고, 죄 씻음과 성화와 함께, 우리를 그분과의 교제의 즐거움에 합당하도록 하기 위하여 그분이 우리에게 그분의 피를 마시도록 주심으로 주 예수님과 진정으로 생명이 하나 되게 해서 "사람들을 피로 사서 하나님께 드리신 분"(계 5:9)을 찬양하는 영원한 기쁨 즉 여기에 초점이 맞추어져 있습니다. 이 모든 일은 오직 우리에게 "예수 그리스도의 보배로운 피"를 곰곰이 생각하게 하는 경이로운 빛줄기입니다.

(2) 피는 하나님이 함께 계시는 우리의 마음 속 같은 자리에 있어야 합니다.

하나님과 사람과의 교제의 시작부터, 뿐만 아니라. 세상의 토대를 놓기 전부터 하나님의 마음은 그 피로 기뻐하셨습니다. 우리는 참으로 그 피의 능력 안에서 행하고 기뻐하는 법을 알 때까지 우리의 마음은 결코 안식이 없고 구원을 찾지 못할 것입니다.

피를 가치 있게 여겨야만 하는 사람은 회개하는 사람뿐만 아니라 용서를 갈망하는 사람입니다. 아니 구속받은 사람들은 피가 항상 증거가 되는 그분의 성전에서 하나님이 은혜의 보좌에 앉아 계신 것처럼 우리의 마음을 하나님께 가까이 가 마음을 하나님의 사랑과 기쁨과 그리고 영광으로 채우고. 그 피에 대한 한결 같은 영적인 견해로 사는 것 외에 아무것도 없다는 것을 경험하게 될 것입니다.

(3) 그 피의 풍성한 축복과 능력을 알도록 하기 위해서 짬을 내

는 수고를 아끼지 맙시다.

예수님의 피는 영원의 가장 큰 신비이며, 하나님의 지혜의 가장 깊은 신비입니다. 우리가 그 의미를 쉽게 완전히 이해할 수 있다는 생각을 하지 맙시다. 하나님은 피를 대비하여 필요한 사람들을 준비하시는데 4,000년을 곰곰이 생각하셨습니다. 우리 역시 피의 능력에 대한 지식을 얻으려면, 반드시 시간을 내야 합니다.

짬을 낸다 할지라도 희생적인 수고를 확실하게 하지 않는다면, 전혀 쓸모가 없습니다. 희생의 피는 언제나 한 생명의 제물을 의미했습니다. 이스라엘은 자신들에게 속한 무언가의 생명이 희생 제물로 바쳐지지 않는다면, 그들의 죄에 대한 용서를 대신할 피를 얻을 수 없었습니다. 주 예수님은 우리의 삶의 희생으로부터 우리를 구하시기 위해서 그분 자신의 생명을 바치시거나 또는 그분의 피를 흘리지 않으셨습니다. 아니. 실제로 우리의 삶의 희생을 가능하고 바람직하게 하시는 것이었습니다.

그분의 피의 신비한 가치는 자기희생 정신입니다. 실제로 마음의 감동이 있는 곳에, 피는 자기희생의 정신으로 그 마음에 작용합니다. 우리는 피가 주는 그 새로운 생명의 충만한 능력을 누릴 수 있도록 우리 자신과 우리의 삶을 포기하는 법을 배웁니다.

우리는 우리가 하나님의 말씀으로 이런 것들을 익히기 위해서 우리의 시간을 씁니다. 우리는 피의 능력이 방해받지 못하도록 하기 위해서 우리 자신을 죄와 세속적인 마음과 아집으로부터 분리합니다. 이는 피가 제거하려고 시도하는 것은 단지 이런 것들이기 때문입니다.

우리는 그분이 주신 것 외에 아무것도 소유하지 않음으로 우리 자신을 생각하지 않고 우리 자신의 삶을 보상으로 여기지 않기 위해서 기도와 믿음으로 자신을 완전히 하나님께 내어 드립니다. 그 때 하나님은 피로 우리를 위해서 예비하신 영광스러운 복된 삶을 우리에게 드러내십니다.

(4) 우리는 그분의 피의 능력을 우리에게 드러내 주시도록 주 예수님을 의지할 수 있습니다.

피로 얻는 축복이 우리의 것이 되도록 하는 것은 그분을 전적으로 확신하는 이런 신뢰를 통해서입니다. 우리는 결코 우리의 생각으로 피를 흘리신 대제사장으로부터 피를 분리하거나 피를 적용하는 삶을 분리해서는 안 됩니다.

오! 우리를 위해서 한 번 그분의 피를 흘리신 분은 당연히 매 순간 피의 효력을 나누어 주실 것입니다. 이렇게 하시도록 그분을 신뢰하십시오. 여러분의 눈을 뜨게 하셔서 여러분에게 더 깊은 통찰력을 주시도록 그분을 신뢰하십시오. 하나님이 피에 대해서 생각하시는 것과 같이 피에 대해서 생각하도록 여러분을 가르쳐 주시도록 그분을 신뢰하십시오. 그분이 여러분에게 볼 수 있게 하시는 모든 것을 여러분에게 나누어 주셔서 여러분 안에서 효력이 있게 하시도록 그분을 신뢰하십시오.

무엇보다도 그분의 영원한 대제사장의 능력 안에서 끊임없이 그분의 피의 완전한 가치가 여러분 안에서 역사해서 여러분의 일생이 하나님이 임재하시는 성전에서 사는 것이 가로 막히지 않도록 하기 위해서 그분을 신뢰하십시오.

보배로운 피의 지식을 깨달은 성도들이여, 여러분은 주님의 초대에 귀를 기울이십시오. 가까이 오십시오. 그분이 여러분을 가르치도록 하십시오. 그분이 여러분을 축복하시도록 하십시오. 그분이 그분의 피가 여러분에게 영과 생명과 능력과 진리가 되게 하시도록 하십시오.

여러분이 이전에 경험했던 것보다 더 영광스러운 방식으로 지금 지체 없이 믿음으로 여러분의 영혼을 열어서 보배로운 피의 충만하고 전능한 하늘의 효력을 받아들이기 시작하십시오. 그분이 직접 여러분의 삶속에서 이런 일들을 하실 것입니다.

# 2 장

## 피로 인한 구속

"너희가 알거니와 너희 조상이 물려 준 헛된 행실에서 대속함을 받은 것은 은이나 금같이 없어질 것으로 된 것이 아니요 오직 흠 없고 점 없는 어린 양 같은 그리스도의 보배로운 피로 된 것이니라."(벧전 1:18-19)

그분의 피 흘리심은 우리 주님의 고난의 정점이었습니다. 이런 고난의 속죄하심의 효력은 그분이 흘리신 피에 있습니다. 그러므로 성도는 단지 그분의 피로 구속받았다는 복된 진리를 받아들이는데 만족하는 것이 아니라 피에 대한 진술이 무엇을 의미하는지와 피가 버려진 영혼 안에서 무엇을 하기를 의도하는지에 대한 더 완전한 지식을 배우기 위해서 매진하는 것이 매우 중요합니다.

피의 효력은 다양합니다. 우리는 피로 인한 화목, 피로 인한 씻음, 피로 인한 성화, 피로 인한 하나님과 연합, 피로 인한 사탄을 제압하는 승리, 피로 인한 생명을 성경에서 알게 됩니다. 이들은 모두 서로 다른 축복인데도 불구하고 한 문장에 포함됩니다.

성도들이 구속의 완전한 능력을 경험할 수 있게 되는 것은 오직 이러한 축복이 무엇인지 어떻게 이러한 축복이 자신의 것이 될 수 있는지를 이해할 경우입니다.

이러한 여러 가지 축복을 상세히 숙고하여 전하기 전에 더 일반적인 방법으로 예수님의 피의 능력에 대해서 더 검토해 보도록 합시다.

1. 피의 능력이 어디에 있는가?
2. 피의 능력이 무엇을 성취했는가?
3. 피의 효력을 어떻게 경험할 수 있는가?

**1. 피의 능력이 어디에 있는가?**

피의 능력이 어디에 있는가? 또는 무엇이 예수님의 피에 그런 능력을 주는가? 어떻게 다름 아닌 피만이 능력이 있는가?

이 질문에 대한 대답은 레위기 17장 11, 14절에서 발견됩니다. "육체의 생명은 피에 있음이라. 내가 이 피를 너희에게 주어 제단에 뿌려 너희의 생명을 위하여 속죄하게 하였나니 생명이 피에 있음으로 피가 죄를 속하느니라."

피가 제단 위에서 하나님께 바쳐지고 피 속에 구속의 능력이 있다는 것은 영혼 또는 생명이 피에 있기 때문입니다.

(1) 영혼 또는 생명이 피에 있습니다. 그러므로 피의 가치는 피 안에 있는 생명의 가치와 일치합니다.

양 또는 염소의 생명은 수송아지의 생명보다 덜 가치가 있습니다. 그래서 제물로서 양 또는 염소의 피는 수소의 피보다 덜 가치가 있었습니다(레 4:3, 24, 27).

사람의 생명은 많은 양 또는 황소의 생명보다 더 가치가 있습니다.

그건 그렇고 누가 예수님의 피의 가치와 능력에 대해서 말할 수 있습니까? 그 피 속에 하나님의 거룩한 아들이 거하십니다. 삼위일체 하나님의 영원한 생명이 그 피 속에 내포되어 있습니다. "주께서 자기 피로 사신 교회를 보살피게 하셨느니라"(행 20:28).

다양한 효력이 있는 피의 능력은 그야말로 하나님 자신의 영원한 능력입니다. 피의 충만한 능력을 경험하기를 원하는 모두에게 이 얼마나 영광스러운 배려입니까!

(2) 하지만 피의 능력은 피가 구속을 위해 제단 위에 하나님께 바쳐진다는 사실에서 나머지 모든 것보다 위에 있습니다.

우리가 흘린 피를 생각할 때, 우리는 죽음을 생각합니다. 피 또는 영혼이 쏟아져 나올 때, 죽음이 따릅니다. 죽음은 우리에게 죄를 생각하게 합니다. 이는 죽음은 죄의 형벌이기 때문입니다. 하나님은 이스라엘에게 죄에 대한 구속과 덮는 것으로 제단 위에 피를 주셨습니다. 그것은 죄인의 죄가 제물로 제단 위에 올려지고, 그 제물의 죽음이 제물 위에 올려진 죄인의 죽음 또는 형벌로 간주되는 것을 의미합니다.

피는 이와 같이 하나님의 율법을 만족시키기 위해서 그분의 명령에 순종하여 죽음에 넘겨진 생명이었습니다. 죄는 완전히 가려졌고 구속을 받았습니다. 죄는 더 이상 죄인의 죄로 여겨지지 않았습니다. 그는 용서를 받았습니다.

그러나 이 모든 제물을 바치는 것과 제물은 주 예수님이 오실 때까지 예표요 그림자였습니다. 주님의 피는 이런 예표가 가리켰던 실체였습니다.

주님의 피는 무한한 가치 그 자체였습니다. 왜냐하면 주님의 피는 그분의 영혼 또는 생명을 지니고 있었기 때문입니다. 그러나 피가 흘려진 방식 때문에 또한 그분의 피가 속죄하는 효력은 무한했습니다. 아버지의 뜻에 거룩한 순종으로 주님은 그분의 영혼을 죽음에 쏟아 부으심으로 주님은 어긴 율법의 형벌을 직접 당하셨습니다. 그 죽음으로 형벌을 감당하셨을 뿐 아니라, 율법을 만족시키셨고 아버지가 영광을 받으셨습니다. 주님의 피는 죄를 속죄했고 그 결과 죄를 무력하게 만들었습니다. 피는 죄를 제거하고 죄인들에게 하늘 문을 여는 탁월한 능력이 있습니다. 피는 깨끗케 하고 죄를 씻어 하늘을 만나게 합니다.

예수님의 피가 그와 같은 놀라운 능력이 있는 것은 바로 하나님의 율법을 성취함과 동시에 율법의 요구를 만족시키신 피를 흘리신 놀라운 분과 피가 흘려진 놀라운 방식 때문입니다.

피는 구원이 필요한 죄인을 위해서 죄인 안에서 모든 것을 성취하는 속죄의 피인 동시에 구속하는 효력이 있습니다.

## 2. 피의 능력이 무엇을 성취했는가?

우리의 두 번째 질문은 피의 능력이 무엇을 성취했느냐는 것입니다.

우리가 피의 능력이 성취한 경이로운 무언가를 보는 순간에 우리는 그 능력이 우리를 위해서 똑같이 할 수 있다는 것을 믿도록 자극을 받게 될 것입니다. 우리의 최상의 계획은 예수님의 피의 능력으로 말미암아 일어났던 큰일을 성경이 얼마나 영광스럽게 언급하는지에 주목하는 것입니다.

(1) 예수님의 피는 무덤을 열었습니다.

우리는 히브리서 13장 20절에서 "양들의 큰 목자이신 우리 주 예수를 영원한 언약의 피로 죽은 자 가운데서 이끌어 내신 평강의 하나님"이라는 말씀을 봅니다. 하나님이 죽은 자 가운데서 예수님을 다시 살리신 것은 피의 효력을 통해서입니다. 하나님의 전능하신 능력이 예수님의 피를 제외하고 다른 방식으로 예수님을 죽은 자 가운데서 살리기 위해서 능력을 발휘 한 것이 아닙니다.

예수님은 인류의 죄에 대한 보증인으로 메시지의 전달자로 세상에 오셨습니다. 사람으로 다시 살아나셔서 부활을 통해서 영생을 얻을 권리가 있는 것은 그분이 오로지 피를 흘리심을 통해서였습니다. 주님의 피는 하나님의 율법과 의를 만족시켰습니다. 그렇게 하심으로 예수님은 죄의 능력을 이기시고 죄를 무효로 만드셨습니다. 또한 죽음은 패배를 당했고, 죄의 쏘는 것은 죄는 제거되었고 죽음의 권세를 가진 마귀 또한 패배를 당했고 이제 그분과 우리를 지배하는 모든 권리를 잃어버렸습니다. 그분의 피는 죽음과 마귀와 지옥의 능력을 파멸시켰습니다. 예수님의 피는 무덤을 열었습니다. 참으로 이 사실을 믿는 사람은 피와 하나님의 전능하신 능력 사이에 존재하는 밀접한 관계를 이해합니다. 하나님이 죄인들을 처리하는데 있어서 그분의 전능하심을 행사하시는 것은 단지 피를 통해서입니다. 피가 있는 곳에 하나님의 부활의 능력이 영생으로 들어가는 입구를 보여 줍니다. 피는 모든 죽음과 지옥의 능력을 완전히 끝장냅니다. 피의 효력은 모든 인간의 생각을 능가합니다.

(2) 예수님의 피는 하늘을 열었습니다.

우리는 히브리서 9장 12절에서 "... 오직 자기의 피로 영원한 속죄를 이루사 단번에 성소에 들어가셨다."는 말씀을 봅니다.

우리는 구약의 성소에 하나님의 현존하심이 휘장 안에 있었다는 것을 알고 있습니다. 사람의 능력으로는 그 휘장을 치울 수가 없었습니다. 제사장만이 오직 피를 가지고 거기에 들어갈 수 있었습니다. 그렇지 않으면 그 자신의 생명을 잃어버릴 수 있었습니다. 휘장은 하나님과 우리를 분리시키는 육체 안에 있는 죄의 능력을 묘사하는 것입니다. 하나님의 영원한 의(義)가 육체가 그분께 접근할 수 없도록 지성소로 들어가는 입구를 지켰습니다.

그러나 이제 우리 주님은 휘장 안이 아니라 참 성전에 나타나십니다. 그분의 백성의 대제사장과 대표로서 주님은 자신과 아담의 죄 많은 후손들이 거룩하신 분의 현존 가운데로 들어가기를 간구하십니다. "나 있는 곳에 너희도 있게 하리라."(마 14:3)는 것이 그분의 간구입니다. 주님은 그분을 믿는 각 사람을 위해서 심지어 큰 죄인들까지도 하늘이 열리도록 간구하십니다. 주님의 간구는 응답되었습니다. 그러나 간구가 어떻게 응답되었습니까? 그 응답은 피를 통해서입니다. 주님은 그분 자신의 피를 통해서 들어가셨습니다. 예수님의 피가 하늘을 열었습니다.

은혜의 보좌가 하늘에 자리를 잡고 있는 것은 언제나 항상 피를 통해서입니다. 그렇습니다. 모든 것의 심판자이신 하나님과 중보자이신 예수님께 가장 가까이에 있는 하늘의 큰 일곱 실체들의 가운데(히 12:22, 24) 성령께서 눈에 잘 띄는 자리를 "뿌리는 피"에 내주십니다.

그것이 죄인들을 위해서 계속 하늘을 열고 세상에 축복의 시냇물을 보내는 그 피에 대해서 거듭되는 "말씀"입니다. 중보자로 예수님이 계속 끊임없이 그분의 중보사역을 수행하시는 것은 그 피를 통해서입니다. 은혜의 보좌가 지금까지 그리고 항상 존재하는 것은 그 피의 능력 덕분입니다.

오! 그리스도의 피의 놀라운 능력이여! 피가 예수님이 나오시고 우리가 그분과 함께 나오도록 무덤의 문, 지옥의 문을 부수고 열어젖힌 것처럼, 이와 같이 피는 그분을 위해서 그리고 우리가 그분과 함께 들어가도록 하늘의 문을 열었습니다. 피는 어둠의 나라와 아래에 있는 지옥을 제압하는 전능한 능력과 하늘나라보다 위에 피의 영광이 있게 하는 능력이 있습니다.

(3) 예수님의 피는 인간의 마음에 있는 모든 능력입니다.

피가 그와 같이 하나님과 사탄에 대해 강력한 효력이 있기 때문에 피가 실제로 흘려진 사람에게는 훨씬 더 강력한 효력이 있지 않겠습니까?

우리는 그것을 확신할 수 있습니다.

피의 놀라운 능력은 특히 세상의 죄인들 때문에 분명해졌습니다. 본문은 피가 강조된 성경의 여러 곳에서 오직 하나 한 곳에 불과합니다. "너희가 알거니와 너희 조상이 물려준 헛된 행실에서 대속함을 받은 것은 은이나 금같이 없어질 것으로 된 것이 아니요. 오직 흠 없고 점 없는 어린 양 같은 그리스도의 보배로운 피로 된 것이니라"(벧전 1:18-19).

"구속"이란 말은 깊은 의미가 있습니다. 이 말은 특히 노예를 해방시키거나 또는 사서 해방시키는 것을 나타냅니다. 죄인은 사탄의 적대적인 능력, 율법의 저주, 그리고 죄 아래서 노예가 되었습니다. 이제 죄책의 빚이 지불되고 사탄, 저주, 그리고 죄가 파멸되어 "너희가 그의 피로 말미암아 구속 받았다."(엡 1:7)는 선언을 받았습니다.

이 선언이 들려지고 받아들여지는 곳, 거기에서 구속은 삶의 헛된 방식과 죄의 삶으로부터 참된 해방을 시작합니다. "구속"이란 말은 하나님이 죄의 용서로부터 죄인을 위해서 행하신 모든 것을 포함합니다. 그런데 그 안에서 몸의 부활(롬 8:23-24)로 완전한 해방이 시작됩니다(엡 1:14; 4:30).

베드로의 편지를 받았던 사람들은 "예수 그리스도의 피 뿌림으로 택하심을 받았습니다"(벧전 1:2). 베드로의 편지는 그들의 마음을 감동시켜서 그들을 회개로 이끌고 그들에게 믿음을 일깨워서 그들의 영혼을 생명과 기쁨으로 충만하게 하는 보배로운 피에 대한 선포였습니다. 각각 믿는 사람들은 피의 놀라운 능력의 실례였습니다.

계속 베드로가 그들에게 거룩을 권할 때, 그가 여전히 간청하는 것은 보배로운 피입니다. 그는 피에 그들의 눈을 고정시킵니다.

자기 의(義)에 빠져서 그리스도를 증오했던 유대인들에게 그리고 믿지 않는 이방인들에게도 죄의 능력으로부터 해방시키는 데는 오직 하나의 수단이 있었습니다. 피는 계속 죄인들의 구원에 매일 영향을 미치는 하나의 능력입니다. 피가 어찌 그렇지 않을 수 있을까요? 하늘과 지옥에서 그와 같은 강력한 효력이 있는 피는 또한 죄인의 마음속에서도 아주 강력합니다. 우리가 예수님의 피의 능력을 너무 높게 생각하거나 피의 능력으로부터 너무 많이 기대하는 것은 불가능합니다.

## 3. 피의 효력을 어떻게 경험할 수 있는가?

이 능력이 어떻게 역사할까요? 이것이 우리의 세 번째 질문입니다.

어떤 조건에서, 어떤 환경 아래서, 그 능력이 나타내려고 하는 강력한 결과를 우리 안에서 방해받지 않고 확보할 수 있을까요?

(1) 첫 번째 대답은 능력이 마치 하나님의 나라 어디든지 있는 것처럼 능력은 믿음을 통해서 얻습니다.

그러나 믿음은 주로 지식에 의존합니다. 만일 피가 무엇을 성취할 수 있느냐에 대한 지식이 불완전하다면, 믿음은 거의 기대할 수 없고, 피의 더 강력한 효력은 불가능합니다. 많은 그리스도인들은 이제 피에 대한 믿음을 통해서 그들이 그들의 죄에 대한 용서의 확신을 받아들였다면, 그들은 피의 효력에 대한 충분한 지식이 있다고 생각합니다.

그들은 하나님 자신과 마찬가지로 하나님의 말씀이 무궁무

진하다는 것과 모든 이해력을 초월하는 풍부한 축복과 의미가 있다는 것을 전혀 모릅니다.

그들은 성령께서 피를 통한 깨끗함(히 9:22)에 대해서 말씀하실 때, 그와 같은 말씀은 말로 표현할 수 없는 영광스러운 방식으로 그 피가 영혼에게 하늘의 생명을 주는 능력을 나타내는 효력과 경험에 대해서 단지 인간적인 불완전한 표현에 불과하다는 것을 기억하지 않습니다.

피의 능력에 대한 미미한 이해는 피의 효력이 더 깊고 그리고 더 완벽하게 나타나지 못하게 합니다.

우리가 성경이 피에 대해서 가르치는 것을 찾으려고 할 때, 우리는 피에 대한 믿음이 우리가 지금까지 알았던 것보다 더 큰 결과를 우리 안에서 초래할 수 있다는 것과 앞으로 끊임없는 축복이 우리 것이 될 것이라는 것을 보게 될 것입니다.

우리의 믿음은 피가 이미 성취한 것을 알아차림으로써 강해질 수 있습니다. 하늘과 지옥이 피에 대해서 증언합니다. 믿음은 헤아릴 수 없이 풍부한 하나님의 약속들을 믿음으로 행함으로 성장할 것입니다. 우리가 샘으로 더 깊이 들어갈 때, 피를 씻어 깨끗하게 함과 생기를 주고 생명을 주는 능력이 더 복되게 나타날 것이라는 것을 진심으로 기대하도록 합시다.

우리는 목욕 중에 우리가 물과 가장 친밀한 관계로 들어가 물의 씻는 효력에 자신을 내어 맡긴다는 것을 알고 있습니다. 예수님의 피는 "죄와 더러움을 씻는 열려진 샘"으로 묘사되어 있습니다(슥 13:1). 성령의 능력으로 피는 하늘의 성전을 통해서 흘러나옵니다. 믿음으로 나는 이 하늘의 시내와 가장 가까이 닿는 곳에 나를 둡니다. 나는 피에 내 자신을 내어 맡깁니다. 나는 그 피가 나를 덮도록 하고 나를 통해서 나가도록 합니다. 나는 그 샘에 목욕합니다. 피의 씻음과 강하게 하는 능력을 억누를 수가 없습니다. 나는 단순한 믿음으로 피가 내 안에서 그 복된 능력을 보여 줄 것이라는 확신으로 구세주의 피가 보여 주는 그 영적인 샘에 잠기기 위해서 보이는 것에서 돌아서야 합니다.

어린 아이와 같이 끈기가 있는 기대하는 믿음으로 피의 놀라운 능력에 대한 끊임없이 증가하는 경험을 하도록 우리의 영혼을 열도록 합시다.

(2) 두 번째 대답은 그러나 피가 그 능력을 드러낼 수 있도록 그 밖에 필요한 것에 대한 또 다른 대답이 있습니다.

성경은 피를 성령과 가장 밀접하게 관련짓습니다. 피의 능력이 나타나는 것은 오직 성령의 역사가 있는 곳입니다.

## 1) 성령과 피

우리는 요한서신에서 "성령과 물과 피라 이 셋은 합하여 하나이니라."(요일 5:8)는 말씀을 봅니다. 물은 죄를 버리는 회개의 세례를 나타냅니다. 피는 그리스도 안에 있는 구속을 증언합니다. 성령은 물과 피에 능력을 공급하시는 분이십니다. 따라서 또한 성령과 피는 히브리서 9장 14절에서 서로 연관이 되어 있습니다. 거기서 우리는 "하물며 영원하신 성령으로 말미암아 흠 없는 자기를 하나님께 드린 그리스도의 피가 어찌 너희 양심을 죽은 행실에서 깨끗하게 하고 살아계신 하나님을 섬기게 하지 않겠느냐."는 말씀을 봅니다. 그분의 피가 그 가치와 능력이 있는 것은 우리 주 안에 있는 영원한 성령을 통해서였습니다.

피가 하늘에서나 사람들의 마음속에 살아 있는 능력을 지니고 있는 것은 언제나 성령을 통해서입니다.

성령과 피는 언제나 함께 증언합니다. 피가 믿음 또는 설교를 통해서 귀히 여겨지는 곳에, 성령이 역사합니다. 성령이 역사 하는 곳에서 성령은 언제나 영혼들을 피로 향하도록 인도합니다. 성령은 피가 흘려질 때까지 임할 수 없습니다. 성령과 피사이에 살아있는 끈은 끊어 질 수 없습니다. 피의 충만한 능력이 우리의 영혼에 나타나려면, 우리는 성령의 가르침 아래 우리자신을 두어야 한다는 것을 진심으로 알아야만 합니다.

우리는 성령이 우리 안에 계셔서 우리 마음속에서 그분의일을 수행하신다는 것을 확고히 믿어야 합니다. 우리는 하나님의 성령이 실제로 생명의 씨로 우리 안에 거하신다는 것과 성령이 피의 신비하고 강력한 효력으로 완벽하게 생기를 불어넣으실 것이라는 것을 아는 사람으로 살아야 합니다. 우리는 성령이 우리를 인도하시도록 해야 합니다.

성령을 통해서 피는 씻고, 깨끗하게 하여, 우리를 하나님께연합시킵니다.

사도는 성도들이 "내가 거룩하니 너희도 거룩할지어다."(벧전 1:16)라는 그분의 거룩한 부르심에 하나님의 음성을 듣도록 환기시키기를 원할 때, 그는 그들에게 그리스도의 보배로운 피로 구속을 받았다는 것을 상기시켰습니다.

### 2) 필요한 지식

성도들은 그들이 구속 받았다는 것과 그 구속이 무엇을 의미하는지를 알아야 합니다. 그러나 그들은 무엇보다도 "우리가 대속 받은 것은 금이나 은같이 없어질 것으로 된 것이 아니라 오직 흠 없고 점 없는 그리스도의 보배로운 피로 된 것"(벧전 1:18-19)이라는 사실을 알아야 합니다.

완전한 구속의 능력으로서 그 피의 귀중함이 무엇인가에 대해서 올바른 인식을 하는 것은 성도들에게 새롭고 거룩한 삶의 능력이 될 것입니다.

사랑을 받은 그리스도인으로서 피에 대한 진술은 우리에게도 관련이 되어 있습니다. 우리는 보배로운 피로 구속을 받았다는 것을 알아야만 합니다. 우리는 피의 능력을 경험하기 전에 구속과 피에 대해서 알아야만 합니다.

우리는 피에 의해서 구속을 얻는 구속이 무엇인가와 피의 능력과 귀중함이 무엇인가에 대해서 더 충분히 이해하는데 비례해서 우리는 피의 가치에 대해서 더 완전한 경험을 하게 될 것입니다. 보배로운 피를 통해서 구속에 대한 더 깊은 지식에 이르기 위해서 성령의 학교로 직접 들어가도록 합시다.

3) 필요와 열망

이것을 위해서 두 가지가 필요합니다.

먼저, 그 피를 보다 더 알고자 하는 절박한 욕구와 열망에 대한 더 깊은 감각이 있어야 합니다. 피는 죄를 제거하기 위해서 흘려졌습니다. 피의 능력은 죄의 능력을 무효화시킵니다.

우리는 유감스럽게도 죄에서 구원 받은 첫 시작 단계에 너무 쉽게 만족합니다.

오, 우리 안에 죄가 남아 있다는 것이 우리를 참을 수 없게 할지도 모릅니다!

우리는 구속 받은 사람으로서 우리가 아주 많은 일에 하나님의 뜻에 반하는 죄를 짓는다는 사실에 더 이상 만족하지 않기를 기원합니다.

거룩해지려는 열망이 우리 안에서 더 강력해지기를 기원합니다. 피가 우리가 아는 것보다 더 많은 능력이 있다는 생각과 우리가 지금까지 경험했던 것보다 더 큰 일을 할 수 있다는 생각이 우리의 마음을 강한 열망으로 나아가게 하고 있습니까? 죄에서 구원받고 거룩하신 하나님과 거룩하고 친밀한 교제를 하고자 하는 열망이 있다면, 그것은 피가 무엇을 할 수 있는지에 대한 지식으로 더 나아가게 하는데 필요한 첫 번째 단계가 될 것입니다.

4) 기대

두 번째 일이 따라 올 것입니다. 열망이 기대가 되어야 합니다. 우리가 실로 피가 무엇을 성취했는가를 믿음으로 말씀을 통해서 알아볼 때, 그것이 피가 또한 우리 안에서 그 완전한 능력을 나타낼 수 있도록 우리가 함께 해결해야 할 문제여야 합니다. 무가치하고, 무지하고 그리고 무력한 감각은 우리로 하여금 의심을 하게 만듭니다. 피는 생명의 끊임없는 능력으로 권리를 포기한 영혼 속에서 역사합니다.

성령 하나님께 자신을 맡기십시오. 피에 여러분의 마음의 눈을 고정시키십시오.

그 피의 능력에 여러분의 속사람을 여십시오.
피로 세워진 하늘의 은혜의 보좌가 여러분의 마음을 하나님의 성전과 보좌가 되게 할 수 있습니다.

항상 끊임없이 뿌려지는 피 뿌림 아래로 피하십시오. 여러분에게 그 피가 효력이 있게 해달라고 하나님의 어린 양께 구하십시오.

여러분은 예수님의 피가 놀랍게 역사하는 것과 비교할 수 있는 것은 없다는 것을 확실하게 경험하게 될 것입니다.

# 3 장

## 피로 인한 화목

"모든 사람이 죄를 범하였으매 하나님의 영광에 이르지 못하더니 그리스도 예수 안에 있는 속량으로 말미암아 값없이 의롭다 하심을 얻었느니라. 이 예수를 하나님이 그의 피로써 믿음으로 말미암는 화목제물로 세우셨으니 이는 하나님께서 길이 참으시는 중에 전에 지은 죄를 간과하심으로 자기의 의로우심을 나타내려 하심이라."(롬 3:24-25)

이미 살펴보았듯이, 우리는 각자 서로 구분된 축복을 "구속"이란 한 단어에 모두 포함된 예수 그리스도의 피의 능력으로 말미암아 얻었습니다. 이런 축복 가운데 "화목"은 첫 자리를 차지합니다.

하나님은 그분의 피에 대한 믿음을 통한 화목으로 예수님을 제시하셨습니다. 우리 주님의 구속의 역사에서 화목은 당연히 최우선입니다. 화목은 구속의 몫을 얻기를 열망하는 죄인이 해야 하는 일 가운데서도 역시 첫째가 됩니다. 화목을 통해서 구속의 다른 축복에 참여가 가능하게 됩니다.

이미 화목을 받은 성도들이 그 의미와 축복에 대해서 더 깊고 더 영적인 이해를 구하는 것 또한 매우 중요합니다. 만일 구속에 있어서 피의 능력이 화목에 원인이 있다면, 그렇다면, 화목이 무엇인가에 대한 더 완전한 지식이 피의 능력에 대한 더 완전한 경험을 얻는 확실한 방법입니다.

성령의 가르침에 굴복하는 마음이 화목이 무엇을 의미하는지를 확실하게 알게 할 것입니다. 우리의 마음이 넓게 열려서 화목이 무엇인지 받아들이기를 기원합니다.

피로 인한 화목이 무엇을 의미하는지를 이해하기 위해서 다음 사항을 고려하도록 합시다.

1. 화목을 필요하게 만든 죄
2. 화목을 작정하신 하나님의 거룩하심
3. 화목을 일으킨 예수님의 피

## 4. 화목으로 인한 용서

### 1. 화목을 필요하게 만든 한 죄

그리스도의 모든 사역에서 무엇보다도 화목에서 하나님의 목적은 죄를 없애고 파멸시키는 것입니다. 죄에 대한 지식은 화목의 지식을 위해서 필요합니다.

우리는 화목을 필요로 하는 죄 가운데 있는 것이 무엇인지 그리고 화목이 어떻게 죄를 무력하게 만드는가를 이해하기를 원합니다. 그때 믿음은 무엇인가를 붙잡고, 그 축복의 경험이 그것을 가능하게 할 것입니다.

죄는 이중적인 결과가 있습니다. 죄는 사람뿐만 아니라, 하나님께 대한 결과가 있습니다. 우리는 일반적으로 사람에 대한 죄의 결과에 대해서 강조합니다. 그러나 죄가 하나님께 미친 결과가 더 소름끼치고 심각합니다. 죄가 우리에게 그 힘이 있는 것은 하나님께 대한 죄의 결과입니다. 모든 사람의 주님으로서 하나님은 죄를 못 본체 하실 수 없으십니다. 죄가 죽음과 슬픔의 결과를 가져오게 하는 것은 하나님의 불변의 율법입니다. 사람이 죄에 빠졌을 때, 그는 하나님의 율법으로 인해서 죄의 능력 아래 예속됩니다. 이와 같이 구속은 하나님의 율법과 함께 시작됩니다. 이는 죄가 하나님께 무력하고, 하나님의 율법이 죄에게 우리를 지배할 권위를 주지 않는다면, 그때 우리를 지배하는 죄의 능력은 파멸됩니다. 죄가 하나님 앞에서 말을 못한다는 지식은 죄가 더 이상 우리를 지배할 권위가 없다는 것을 확인시켜 줍니다.

그렇다면 하나님께 대한 죄의 결과는 무엇입니까? 신성한 본성에서 하나님은 결코 변함이 없으시고 변하실 수 없으십니다. 그러나 사람에 대한 하나님의 관계와 참으심에 완전한 변화가 일어났습니다. 죄는 불순종이며 하나님의 권위를 멸시하는 것입니다. 죄는 하나님과 주님으로서의 그분의 영광을 하나님께 빼앗아가려고 합니다. 죄는 거룩하신 하나님을 대적하기로 단단히 결심했습니다. 죄는 하나님의 진노를 불러일으킬 수 있을 뿐만 아니라, 불러일으켰음에 틀림이 없습니다.

사람과 사랑과 친교를 계속하는 것이 하나님의 소원이셨지만, 죄는 하나님을 적수가 되게 만들었습니다. 비록 사람을 향한 하나님의 사랑은 변하지 않을지라도, 죄는 하나님이 사람과 교제를 받아들이시는 것을 불가능하게 만들었습니다. 죄는 하나님의 사랑 대신에 하나님의 진노와 저주 그리고 형벌을 사람에게 쏟아 붓도록 만들었습니다. 죄가 사람과 하나님의 관계에 끼친 변화는 끔찍합니다.

사람은 하나님 앞에 죄에 대한 책임이 있습니다. 죄책은 빚입니다. 우리는 빚이 무엇인가를 알고 있습니다. 빚은 어떤 사람이 다른 사람에게 강력히 요구할 수 있는 것 즉 만나서 해결해야 하는 권리입니다.

죄를 저질렀을 때, 죄의 나중의 결과는 의식하지 못할 수도 있지만, 죄의 죄책이 여전히 남아 있습니다. 죄인에 대한 책임이 있습니다. 하나님은 죄는 형벌을 받아야 하고, 손상된 하나님의 영광이 유지되어야 한다는 하나님 자신의 요구를 무시하실 수 없으십니다. 빚을 갚지 않거나 또는 죄책을 속죄하지 않는 한, 세상일이 돌아가는 게 보통 그렇듯, 거룩하신 하나님이 죄인에게 하나님 앞으로 오라고 허락하시는 것은 불가능합니다.

우리는 흔히 죄에 대한 주요한 질문은 "우리가 어떻게 죄의 내재하는 힘으로부터 해방될 수 있느냐?"는 것이라고 생각합니다. 그러나 이 질문은 "우리가 하나님 앞에 쌓여진 죄책으로부터 어떻게 해방될 수 있느냐?"보다 덜 중요합니다. 죄책이 제거될 수 있을까요? 하나님의 진노를 불러일으키는 하나님께 대한 죄의 결과가 제거될 수 있을까요? 죄가 하나님 앞에서 완전히 덮어질 수 있을까요? 만일 이런 일을 할 수 있다면, 죄의 능력 또한 우리 안에서 끝장날 것입니다. 죄책이 제거될 수 있는 것은 오직 화목을 통해서입니다.

　"화목"이라고 번역된 말은 실제로 "덮는 것"를 의미 합니다. 이방인들조차도 이런 발상이 있었습니다. 그러나 이스라엘에게 하나님은 참으로 죄를 덮고 제거할 수 있는 화목을 보여 주셔서 하나님과 사람 사이에 원래 관계를 회복할 수 있도록 하셨습니다. 이것이 진실로 화목이 해야 하는 역할입니다. 화목은 죄책 즉 하나님께 대한 죄의 영향을 제거해서 조그만 죄책도 이제 더 이상 없다는 복된 확신으로 하나님께 가까이 갈 수 있게 합니다.

## 2. 화목을 작정하신 하나님의 거룩

우리가 화목을 올바르게 이해하려고 한다면 이것 또한 생각해 보아야 합니다.

하나님의 거룩은 하나님이 항상 자신뿐만 아니라 다른 사람들 속에서 선한 것을 열망하게 하는 하나님의 무한하고 영광스러운 완전하심입니다. 하나님은 다른 사람들에게 선한 것을 베푸시고 해결해 주십니다. 하나님은 선한 것에 반대되는 모든 것을 몹시 싫어하시고 정죄하십니다.

하나님의 거룩하심 안에 하나님의 사랑과 진노가 연합되어 있습니다. 자신을 주시는 그분의 사랑과 의(義)의 신성한 율법을 따르는 진노는 악한 것을 몰아내고 소멸시킵니다.

거룩한 분으로서 하나님은 이스라엘에게 화목을 미리 정하시고 지성소에 하나님의 거처를 정하셨습니다.

거룩한 분으로서 하나님은 신약 시대를 기대하시면서 "네 구속자는 이스라엘의 거룩한 자니라."(사 41:14)고 반복해서 말씀하셨습니다.

거룩한 분으로서 하나님은 그리스도 안에서 화목을 권고하셨습니다.

이 경탄할 만한 권고는 하나님의 거룩한 사랑과 거룩한 진노가 화목 안에서 만족감을 얻는다는 것입니다. 분명히 하나님의 거룩한 사랑과 거룩한 진노는 서로 양립할 수 없는 반목 가운데 있었습니다. 거룩한 사랑은 사람이 내버려지는 것을 마음 내키지 않습니다. 사람의 모든 죄에도 불구하고 사랑은 사람을 포기할 수 없습니다. 사람은 구속을 받아야 합니다. 거룩한 진노는 율법의 요구에 굴복할 수 없습니다. 율법은 경멸을 받았습니다. 하나님은 굴욕을 당하셨습니다. 하나님의 정당한 권리는 옹호되어야 합니다. 율법이 만족되지 않는 한 죄인이 구원받는다는 생각은 있을 수 없습니다. 하나님이 하늘에서 죄의 무서운 영향력을 제거하셔야 합니다. 죄책은 제거되어야만 합니다. 그렇지 않으면 죄인은 구원받을 수 없습니다. 가능한 유일한 해결책은 화목이었습니다.

우리는 화목이 "덮는 것"을 의미한다는 것을 보았습니다. 화목은 하나님이 더 이상 죄를 보실 수 없도록 다른 것이 죄가 앉았던 자리를 대신하는 것을 의미합니다.

그러나 하나님은 거룩하신 분이시고 그분의 눈은 불꽃과 같으시기 때문에, 죄를 덮는 그것이 실제로 죄가 행한 악을 없애고 또한 하나님 앞에서 우리의 죄를 완전히 덮어서 죄가 실제로 파멸되어 이제 보이지 않는 그와 같은 성질의 것이 되어야만 합니다.

죄에 대한 화목은 오직 만족으로만 대신할 할 수 있습니다. 만족은 화목입니다. 만족이 대체물을 통해서 이루어질 때 죄는 처벌을 받고 죄인은 구원을 받을 수 있습니다. 하나님의 거룩은 또한 영화롭게 되고 뿐만 아니라 죄인의 구속과정에서 하나님의 사랑의 요구와 하나님의 영광과 그분의 율법의 요구가 보존되는 상태로 그분의 의(義)의 요구가 충족이 될 것입니다.

우리는 이것이 구약에서 제물에 대한 율법을 어떻게 제시하고 있는가를 알고 있습니다. 정결한 짐승이 죄를 범한 사람을 대신했습니다. 자백을 통해서 그의 죄가 희생제물의 머리에 전가되었고, 희생제물의 생명이 죽음에 넘겨짐으로 형벌을 떠맡았습니다. 그 때 형벌을 떠맡은 정결한 생명을 대표하는 피가 죄책에서 자유하게 했고, 하나님 앞으로 나갈 수가 있게 했습니다. 죄인 대신에 짐승의 피 또는 생명이 형벌을 떠맡았던 것입니다. 그 피가 화목하게 했고 죄인과 죄인의 죄를 덮었습니다. 이는 피가 그를 대신해서 그의 죄를 속죄했기 때문입니다.

피 속에 화목이 있었습니다.

그러나 그것은 실체가 아니었습니다. 황소나 염소의 피는 결코 죄를 제거할 수 없었습니다. 그것은 단지 실제적인 화목의 그림자와 사실적인 묘사에 불과했습니다.

전적으로 다른 성질의 피가 죄책을 효과적으로 덮기 위해서 필요했습니다. 거룩하신 하나님의 의도에 따라서 다름 아닌 바로 하나님 자신의 아들의 피가 화목을 가져오게 했습니다. 의(義)는 피를 요구했습니다. 사랑은 피를 내놓았습니다. "모든 사람이 죄를 범하였으매 하나님의 영광에 이르지 못하더니 이 예수를 하나님이 그의 피로써 믿음으로 말미암는 화목제물로 세우셨으니 이는 하나님께서 길이 참으시는 중에 전에 지은 죄를 간과하심으로 자기 의로우심을 나타내려하심이니라."(

롬 3:23-25)

## 3. 화목을 일으킨 피

화목은 오직 하나님의 거룩한 율법을 만족시켜야 합니다.

주 예수님이 그것을 이행하셨습니다. 기꺼이 완전한 순종으로 주님 자신이 제기하신 율법 아래서 율법을 이행하셨습니다. 아버지 뜻에 완전히 굴복하시는 변함없는 마음으로 주님은 율법이 죄에 대해서 선고한 저주를 떠맡으셨습니다. 주님은 하나님의 율법이 줄곧 요구하거나 또는 바라는 모두를 완전한 순종 또는 형벌로 완전히 바치셨습니다. 율법은 주님에 의해 완전히 충족되었습니다. 그러나 율법의 요구에 대한 주님의 이행이 어떻게 다른 사람을 위한 화목이 될 수 있을까요? 이는 창조 때에 아버지께서 주님과 약정하셨던 은혜의 거룩한 언약에서 주님은 인류의 머리로 인정되셨기 때문입니다. 이 때문에 주님은 육신이 되심으로 둘째 아담이 되실 수 있으셨습니다. 주님, 말씀이 육신이 되셨을 때, 주님은 죄의 능력 아래 있었던 우리의 육신과 실제적인 교제를 갖기로 스스로 결정하셨습니다. 그리고 주님은 죄가 하나님을 대적하여 행한 모든 것에 대한 책임을 떠맡으셨습니다. 주님의 순종과 완전하심은 단지 무엇보다도 다른 사람들 중에 한 사람이 아니라 자신을 모든 다른 사람들과 친교 안에 두시고 그들의 죄를 자신이 떠맡으신 것이었습니다.

창조를 통해서 인류의 머리로, 언약 아래서 인류의 대표로 주님은 인류의 보석금이 되셨습니다. 율법의 요구에 대한 완전한 충족이 주님이 피를 흘리심으로 이행되었을 때, 이것이 우리의 죄를 덮는 화목이었습니다.

무엇보다도 우리는 주님이 하나님이셨다는 것을 결코 잊어서는 안 됩니다. 이것이 그분 자신을 피조물과 연합시켜서 그분 자신에게로 그들을 데리고 가시도록 주님께 신성의 능력을 주었습니다. 이것이 그분의 고난에 무한한 거룩과 능력의 미덕을 부여했습니다. 이것이 주님이 피흘리시는 가치가 인간의 모든 죄책을 처리하기에 더 족하게 했습니다. 이것이 주님의 피가 실제적인 화목이 가능하도록 죄를 완전히 덮어서 하나님의 거룩하심이 더 이상 죄를 보지 못하게 했습니다. 실은 피가 죄를 완전히 덮었습니다. 하나님의 아들 예수님의 피가 실제로 완전하고 영원한 화목을 불러일으켰습니다.

그것이 무엇을 의미하는 것일까요?

우리는 하나님께 대한 죄의 끔찍한 결과와 죄를 통해서 하늘에서 일어났던 무서운 변화에 대해서 언급했습니다. 은혜, 그리고 친교, 축복, 하나님의 생명 대신에 사람은 진노와 저주 그리고 죽음, 영원한 벌 외에는 기대할 수 있는 것은 아무 것도 없었습니다. 인간은 오직 소망과 사랑이 없는 두려움과 공포의 대상으로만 하나님을 생각할 수 있었습니다. 죄는 복수를 해달라는 요구를 결코 그만두지 않습니다. 그러므로 죄책이 반드시 완전히 처리되어야 합니다.

그러나 보십시오! 하나님의 아들 예수 그리스도의 피가 흘려졌습니다. 죄에 대한 속죄가 실행되었습니다. 평화가 회복되었습니다. 죄가 불러일으켰던 변화와 같은 실제적이고 광범위한 변화가 다시 일어났습니다. 화목을 받아들이는 사람에게 죄는 실패로 끝납니다. 하나님의 진노는 돌아서서 하나님의 사랑의 깊이에 자체를 숨깁니다.

하나님의 의(義)는 더 이상 사람을 무섭게 하지 않습니다. 의(義)는 완전한 칭의(稱義)를 제공함으로 사람을 친구로 만납니다. 회개하는 죄인이 하나님께 다가올 때 하나님은 안색은 기쁨과 만족으로 빛납니다. 하나님은 죄인을 친밀한 교제 가운데로 초대하십니다. 하나님은 죄인을 위해서 축복의 보고(寶庫)를 여십니다. 이제 죄인을 하나님과 분리시킬 아무 것도 없습니다.

예수님의 피를 통한 화목이 죄인의 죄를 덮었습니다. 죄는 더 이상 하나님의 시야에 나타나지 않습니다. 하나님은 더 이상 죄를 탓하지 않으십니다. 화목이 완전하게 영원히 구속을 해결했습니다.

아! 누가 그 보배로운 피의 가치에 대해서 말할 수 있을까요?

피는 피로 구속받은 사람들의 노래 속에서 영원히 거론되고 하늘이 지속되는 한 피에 대한 찬양은 당연히 영원히 울려 퍼질 것입니다. "일찍이 죽임을 당하사 각 족속과 방언과 백성과 나라 가운데서 사람들을 피로 사서 하나님께 드리셨다."(계 5:9)

그러나 세상에 있는 구속받은 사람들이 그 노래에 더 열광적으로 가담하지 않는다는 것과 피의 능력이 성취한 화목에 대한 찬양이 많지 않다는 것은 기이한 일입니다.

## 4. 화목으로 인한 용서

피가 죄에 대한 화목을 가능하게 해서 죄를 덮었는데 이런 놀라운 변화가 하늘나라에서 일어났을 때 우리가 그에 대한 개인적인 몫을 얻지 못한다면 그것은 우리에게 아무 소용이 없습니다.

이것이 일어난 것은 죄에 대한 용서에 있습니다.

하나님은 우리의 모든 죄와 죄책에 대해서 완전한 무죄선고를 하셨습니다. 왜냐하면 화목이 죄를 위해 준비되었기 때문에 우리는 이제 하나님과 화목할 수 있습니다. "곧 하나님께서 그리스도 안에 계시사 세상을 자기와 화목하게 하시며 그들의 죄를 그들에게 돌리지 아니하시고 화목하게 하는 직분을 우리에게 주셨느니라."(고후 5:19) 이 화목의 말씀을 따르는 것은 "너희는 하나님과 화목하라."(고후 5:20)는 말씀의 초청을 받아들이는 것입니다. 죄에 대한 화목을 받아들이는 사람은 누구든지 하나님과 화목하게 됩니다. 그는 그의 모든 죄가 용서받았다는 것을 알게 됩니다.

성경은 용서의 완전함을 강조해서 죄인의 두려운 마음에 피가 실제로 죄인의 죄를 제거했다는 것을 확신시키기 위해서 여러 가지 실례를 사용하고 있습니다. "내가 네 허물을 빽빽한 구름같이 네 죄를 안개같이 없이하였으니 너는 내게로 돌아오라 내가 너를 구속하였음이니라."(사 44:22) "...네 모든 죄를 등 뒤에 던지셨나이다."(사 38:17) "...우리의 죄악을 발로 밟으시고 우리의 모든 죄를 깊은 바다에 던지시리이다."(미 7:19) "여호와의 말씀이니라 그날 그때에는 이스라엘의 죄악을 찾을 지라도 없겠고 유다의 죄를 찾을지라도 찾아내지 못하리니 이는 내가 남긴 자를 용서할 것임이라."(렘 50:20)

이것은 신약이 칭의(稱義)라고 일컫는 것입니다. 칭의는 로마서 3장 23-26절에서 이와 같이 명명되었습니다. "모든 사람이 죄를 범하였으매 하나님의 영광에 이르지 못하더니 그리스도 예수 안에 있는 속량으로 말미암아 하나님의 은혜로 값없이 의롭다하심을 얻은 자 되었느니라 이 예수를 하나님이 그의 피로써 믿음으로 말미암는 화목제물로 세우셨으니 이는 하나님께서 길이 참으시는 중에 전에 지은 죄를 간과하심으로 자기의 의로우심을 나타내려 하심이니 곧 이 때에 자기의 의로우심을 나타내사 자기도 의로우시며 또한 예수 믿는 자를 의롭다하려 하심이라."(롬 3:23-24)

화목은 완전하고 실제로 죄가 덮어지고 완전히 가려져서 그리스도를 믿는 사람은 하나님이 완전히 의로운 사람으로 보시고 여기시게 되었습니다. 죄인이 하나님께 받은 무죄 선고는 너무 완전해서 그를 최대한의 자유를 가지고 하나님께 접근하는 것을 막을 아무것도 없습니다.

이 축복을 즐기기 위해서 피에 대한 믿음 외에 아무 것도 필요하지 않습니다. 오직 피만이 모든 것을 실행했습니다.

죄를 버리고 하나님께 돌아서기 위해서 회개하는 죄인은 오직 그 피에 대한 믿음만 필요합니다. 그것은 피의 능력에 대한 믿음 즉 피가 합법적으로 죄를 속죄했다는 것과 피가 실제로 죄인을 속죄했다는 것을 믿는 믿음입니다. 그 믿음을 통해서 죄인은 그가 하나님과 완전히 화목하게 되었다는 것과 이제 하나님이 사랑과 축복을 죄인에게 충만하게 쏟아 붓는 것을 막을 것이 전혀 없다는 것을 알게 됩니다. 그가 이전에 구름으로 덮이고 하나님의 진노로 검게 덮여 하나님의 끔찍한 심판에 이르렀던 하늘을 바라볼 때, 이제 그 구름은 더 이상 보이지 않고 하나님의 얼굴의 기쁜 빛과 하나님의 사랑으로 모든 것이 밝습니다. 피에 대한 믿음이 그의 마음속에 피가 하늘에서 행하는 것과 같은 놀랍게 역사하는 능력을 나타냅니다. 피에 대한 믿음을 통해서 그는 피가 그를 위해서 하나님께 얻은 모든 축복의 참여자가 됩니다.

동료 성도들이여, 성령이 예수님의 피가 여러분을 위해서 성취한 이 화목의 영광이 여러분에게 나타나서 여러분의 죄가 용서받을 수 있도록 열심히 기도하십시오. 당신의 죄에 대한 책망과 정죄하는 힘이 어떻게 완전히 제거되었는지 그리고 그분의 사랑과 은택으로 충만하신 하나님이 어떻게 당신을 향하게 되셨는지를 볼 수 있도록 깨우친 마음을 주시도록 기도하십시오. 피가 하늘에서 성취했던 영광스러운 결과를 여러분에게 보여 주시도록 성령께 여러분의 마음을 여십시오. 하나님은 예수 그리스도 자신을 그분의 피에 대한 믿음을 통한 화목으로 내세우셨습니다. 예수님은 우리의 죄를 위한 화목이십니다. 이미 하나님 앞에서 여러분의 죄를 덮으신 예수님을 의지하십시오. 여러분과 여러분의 죄 사이에 주님을 모십시오. 그러면 그분이 성취하신 구속이 얼마나 완전한지 화목이 주님의 피를 믿음으로 얼마나 능력이 있는지를 경험하게 될 것입니다.

그러면 살아계신 그리스도를 통해서 피가 하늘에서 수행했던 능력 있는 효력이 차츰 여러분의 마음속에 나타날 것입니다. 여러분은 성령의 은혜로 완전한 빛과 용서의 기쁨 안으로 들어가는 것이 무엇을 의미하는지 알게 될 것입니다.

그리고 아직 당신의 죄에 대한 용서를 얻지 못한 당신은 이 말이 주님의 피에 대한 믿음의 다급한 요구로 당신에게 다가오지 않습니까?

하나님께서 여러분을 위해 죄인들처럼 행하신 일에 여러분 자신의 생각을 바꾸지 않으시겠습니까? "사랑은 여기 있으니 우리가 하나님을 사랑한 것이 아니요 하나님이 우리를 사랑하사 우리 죄를 속하기 위하여 화목제물로 그 아들을 보내셨음이라."(요일 4:10)

하나님이 보배로우신 피를 흘리셨습니다. 화목은 완전합니다. "너희는 하나님과 화목하라."(고후 5:20)는 메시지가 여러분에게 임했습니다.

만일 여러분이 여러분의 죄를 회개하고 죄의 능력과 속박에서 벗어나기를 원한다면, 피에 대한 믿음을 행사하십시오. 하나님이 여러분에게 말씀하시기 위해서 전하신 말씀의 영향력에 마음을 여십시오. 피가 맞아요, 여러분도 이 순간 구원시킬 수 있다는 메시지에 마음을 여십시오. 오직 피만 믿으십시오. "그 피가 또한 나를 위한 것이다."라고 말하십시오. 만일 여러분이 죄책과 잃어버린 죄인으로 용서를 갈망하기에 이르렀다면, 여러분은 완전한 화목이 이미 하나님의 은택과 사랑으로 여러분의 죄를 덮고 여러분을 회복시켰다는 것을 확신할 수 있습니다.

그렇게 여러분이 피에 대한 믿음을 행사하기를 기원합니다. 이 순간 하나님 앞에 엎드려 하나님께 여러분 자신의 영혼을 위한 피의 능력을 믿을 수 있게 해달라고 말씀을 드리십시오. 그렇게 말씀드린 후 잠시 멈추고 피의 능력에 매달리십시오. 피에 대한 믿음을 통해서 예수 그리스도께서 또한 여러분의 죄를 위한 화목이 되실 것입니다.

# 4 장

## 피로 깨끗케 함

"그가 빛 가운데 계신 것 같이 우리도 빛 가운데 행하면 우리가 서로 사귐이 있고 그 아들 예수의 피가 우리를 모든 죄에서 깨끗하게 하실 것이요."(요일 1:7)

우리는 이미 피의 가장 중요한 효력은 죄에 대한 화목이라는 것을 확인했습니다.

화목에 대한 지식과 믿음의 열매는 죄의 용서입니다. 용서는 단지 죄인 대신에 이미 하늘에서 일어났다는 것과 그분의 마음으로부터 그것을 받아들이셨다는 것을 선언하는 것입니다.

피의 이 주요한 효력은 단지 하나만이 아닙니다. 믿음을 통해서 영혼이 화목의 충만한 능력을 이해하고 즐기기 위해서 자신을 하나님의 성령께 넘겨드림에 비례해서, 피는 성경에서 화목에서 기인하는 다른 축복을 전하는데 있어서 한 층 더 강력한 능력을 발휘합니다.

화목의 첫번째 결과 중 하나는 죄를 씻는 것입니다. 하나님의 말씀이 이것에 대해서 어떻게 말씀하시는지 검토해 봅시다. 죄를 씻는 것이 우리 가운데서 마치 죄의 용서와 죄책을 깨끗하게 하는 것에 지나지 않은 것처럼 말해 왔습니다. 그러나 이것은 그렇지 않습니다. 성경은 죄책으로부터 씻는 것을 말하지 않습니다. 죄로부터 씻는 것은 죄책으로부터가 아니라 오염으로부터 구원받는 것을 의미합니다. 죄책은 하나님과 우리의 관계 그리고 선(善)을 악행으로 만든 우리의 책임 또는 그 나쁜 짓에 대한 형벌을 떠맡는 것과 관련이 있습니다. 반면에 죄의 오염은 죄가 우리의 내면에 불러일으키는 더럽힘 또는 불순물을 의미합니다. 씻음이 수행해야 하는 것은 이와 관련이 있습니다.

죄 씻음은 하나님이 그를 위해서 주신 완전한 구원을 즐기고 성경이 이 씻음에 대해서 가르치는 것을 옳게 이해하기를 원하는 모든 성도에게는 가장 중요합니다. 이제 다음 사실을 검토해 봅시다.

1. 구약에서 깨끗케 함이란 말은 무엇을 의미하는가?
2. 신약에서 깨끗케 함이란 말이 보여주는 축복은 무엇인가?
3. 우리가 어떻게 이 축복의 완전한 기쁨을 경험할 수 있는가?

## 1. 구약에서 깨끗케 함

하나님을 섬기는데 있어서 이스라엘에게 모세의 손을 거쳐 제정된 이스라엘 백성들이 하나님께 나아갈 준비를 하는데 있어서 지켜야 할 두 가지 의식절차가 있었습니다. 제물 또는 희생제물과 씻음 또는 정결예식(하나님과의 관계회복에 있어서 가장 우선시 되는 부정 제거를 위한 의식(레 14:32; 눅 2:22; 요 3:25)이 있었습니다. 둘 다 다른 방식으로 지켜야 했습니다. 둘 다 사람들에게 그들이 얼마나 죄가 많은 사람인가 그리고 어떻게 거룩하신 하나님께 나아가기에 부적합한가를 상기시키기 위해서 의도되었습니다. 둘 다 주 예수 그리스도께서 사람과 하나님과의 교제를 회복시킬 구속을 예표하고 있습니다. 대체로 그것은 그리스도를 통한 구속의 전형으로 간주되는 유일한 제물입니다. 히브리서는 그러나 당분간 "바쳤던 제물과 여러 가지 씻는 것"에 대한 비유로 씻음을 강조하여 말씀하고 있습니다. "이 장막은 현재까지의 비유니 이에 따라 드리는 예물과 제사는 섬기는 자를 그 양심상 온전하게 할 수 없나니 이런 것은 먹고 마시는 것과 여러 가지 씻는 것과 육체의 예법일 뿐이며 개혁할 때까지 맡겨둔 것이니라."(히 9:9-10)

만일 우리가 이스라엘 백성들의 생활을 생각할 수 있다면, 우리는 죄의 의식과 구속의 필요성이 제물보다 씻음에 의해서 자각하게 되었다는 것을 이해할 것입니다.

우리 또한 예수님의 피의 능력이 실제로 무엇인지를 그들에게서 배워야 합니다.

우리는 씻음의 더 중요한 사례 중 하나를 예증으로 생각할 수 있습니다. 만일 누구나 죽은 시체가 눕혀있는 오두막 또는 집에 있다면, 또는 심지어 죽은 시체나 뼈를 만졌다면, 그는 7일 동안 부정했습니다. 죄에 대한 형벌로서 죽음은 죄와 관련된 모든 사람들을 부정하게 만들었습니다. 민수기 29장에서 설명된 대로 물로 섞은 이 재가 부정한 사람에게 우슬초 묶음을 써서 뿌려졌습니다. (히 9:13-14 참조) 그 다음에 그는 직접 물로 목욕을 해야만 했습니다. 그 후 그는 다시 한 번 의식 절차로 깨끗해졌습니다.

"부정(不淨)," "씻음," "깨끗케 함,"이란 말은 살아 있는 죽음이라고 말할 수 있는 질병인 나병 치료와 관련해서 사용되었습니다. 레위기 13장과 14장에는 또한 깨끗하게 되려고 하는 사람은 물로 목욕을 해야 하며, 먼저 희생 제물로 흘린 새의 피가 섞인 물로 뿌림을 받았기 때문에 물로 씻어야만 했습니다. 일곱째 날 그는 다시 희생의 피로 뿌림을 받았습니다.

씻음의 율법을 주의를 기울여 눈여겨보면 씻음과 제물을 구분 짓는 차이점이 두 요소가 있다는 것을 가르쳐 줍니다. 첫째, 제물은 화목이 이루어져야만 했던 죄에 대해 명확한 언급을 했습니다. 씻음은 그들 자신이 죄를 짓지 않았지만, 죄의 결과로 거룩하신 하나님 앞에서 부정한 사람으로 인정을 받아야만 했던 만성 질환에 더 관련이 있습니다. 둘째, 제물의 경우, 제물을 바치는 사람은 직접 아무런 조치도 취하지 않았습니다. 그는 피가 제단에 뿌려지거나 성소로 옮겨지는 것을 보았습니다. 그는 이것이 하나님 앞에서 화목을 불러일으키는 것이라는 것을 믿어야만 합니다. 그러나 자신은 아무것도 하지 않았습니다. 반면에 씻음에서 사람에게 일어난 것은 아주 중요한 일이었습니다. 부정은 내과 질환 또는 외부 접촉이 그 사람에게 발견되었다는 것입니다. 따라서 물로 씻음과 뿌림이 하나님이 명하신 대로 자신에게 일어나야만 합니다.

씻음은 그가 느끼고 경험할 수 있는 것이었습니다. 씻음은 하나님과 그의 관계뿐 만아니라, 자신의 상황에도 변화를 가져 왔습니다. 제물로 그분을 위해 무언가가 행해졌습니다. 씻음으로 그분 안에서 무언가가 행해졌습니다. 제물은 그의 죄책과 관련이 있습니다. 씻음은 죄의 오염과 관련이 있습니다. "깨끗한," "죄 씻음,"이 구약의 다른 곳에서 발견됩니다. 다윗은 시편 51편에서 "나의 죄악을 말갛게 씻으시며 나의 죄를 제하소서."(시 51:2) "우슬초로 나를 정결하게 하소서 내가 정하리이다 나의 죄를 씻어주소서 내가 눈보다 희리이다."(시 51:7)라고 기도합니다. 여기서 다윗이 사용한 말은 죽은 시체를 만진 누군가를 씻는데 가장 자주 사용되었던 말입니다. 우슬초 또한 그런 경우에 사용되었습니다. 다윗은 용서 이상의 기도를 했습니다. 다윗은 그가 "죄악 중에 출생하였고." 그의 본성이 사악하다고 고백했습니다. 다윗은 마음속에 순결함을 창조하여 주시도록 기도했습니다. "나의 죄악을 말갛게 씻기시며 나의 죄를 깨끗이 제하소서."가 그의 기도였습니다. 다윗은 나중에 그가 "내 속에 정한 마음을 창조 하소서, 오 하나님."이라고 기도할 때 같은 말을 사용합니다. 씻음은 용서 이상입니다.

같은 방식으로 이 말이 에스겔에 의해서 사용되었고 변화되어야 하는 내면의 상태를 언급하고 있습니다. 이것은 더러운 것을 완전히 녹여 소멸시키는 것에 대해서 말하는 에스겔서 24장 11, 13절에서 뚜렷이 나타납니다. 하나님은 "내가 너를 깨끗하게 하나 네가 깨끗하여지지 아니하니 내가 네게 향한 분노를 풀기 전에는 네 더러움이 다시 깨끗하여지지 아니하리라."(겔 24:13)고 말씀하십니다. 나중에 새 언약에 대해서 말씀할 때, 하나님은 말씀하십니다. "맑은 물을 너희에게 뿌려서 너희로 정결하게 하되 곧 너희 모든 더러운 것에서와 모든 우상숭배에서 너희를 정결하게 할 것이라."(겔 36:25)

말라기는 불과 씻음을 관련지어서 같은 말씀을 사용합니다. "그가 은을 연단하여 깨끗하게 하는 자 같이 앉아서 레위 자손을 깨끗하게(씻음) 하되 금, 은같이 그들을 연단하리니 그들이 공의로운 제물을 나 여호와께 바칠 것이라."(말 3:3)

물로, 피로, 불로 씻음은 새 언약 아래서(내면의 씻음과 죄의 얼룩으로부터 구원)일어날 씻음의 표상입니다.

## 2. 깨끗케 함으로 신약에서 나타난 축복

깨끗한 또는 청결한 마음이 신약에서 자주 언급이 됩니다. 우리 주님은 "마음이 청결한 자는 복이 있나니 그들이 하나님을 볼 것임이요."(마 5:8)라고 말씀하셨습니다. 바울은 "청결한 마음에서 나오는 사랑."(딤전 1:5)에 대해서 말합니다. 그는 또한 "청결한 양심"에 대해서 말합니다.

베드로는 "너희가 진리를 순종함으로 너희 영혼을 깨끗하게 하여 거짓이 없이 형제를 사랑하기에 이르렀으니 (청결한)마음으로 서로 뜨겁게 사랑하라."(벧전 1:22)고 권고합니다. "깨끗하게 하여"라는 말이 또한 사용되었습니다.

우리는 하나님이 "믿음으로 그들의 마음을 깨끗하게(청결)하신 사람"(행 15:9)을 하나님의 사람이라고 말하는 말씀을 봅니다.

그분께 속한 사람들에 대한 주 예수님의 목적은 "우리를 깨끗하게(청결하게) 하사 선한 일을 하는 자기 백성이 되게 하시는 것입니다."(딛 2:14)

우리 자신에 관련하여 우리는 "육과 영의 온갖 더러운 것에서 자신을 깨끗이 하자."(고후 7:1)는 말씀을 봅니다.

이 모든 것들은 우리에게 씻음은 마음에 변화를 초래하는 것이며 그것은 용서에 뒤이은 것이라는 것을 가르쳐 줍니다.

우리는 "그 아들 예수의 피가 우리를 모든 죄에서 깨끗하게 하실 것이요."(요일 1:7)라는 말씀을 듣습니다. 깨끗하게 하다는 말씀은 회심으로 받은 용서의 은혜를 언급하는 것이 아니라 빛 가운데 행하는 하나님의 자녀들 안에 있는 은혜의 효력에 대해서 언급합니다. 우리는 "그가 빛 가운데 계신 것같이 우리도 빛 가운데 행하면 우리가 서로 사귐이 있고 그 아들 예수의 피가 우리를 모든 죄에서 깨끗하게 하실 것이요."라는 말씀을 봅니다. 씻음이 용서 이상과 관련이 있다는 것이 뒤이어 9절에서 나타납니다. "만일 우리가 죄를 자백하면 그는 미쁘시고 의로우사 우리 죄를 사하시며 우리를 모든 불의에서 깨끗하게 하실 것이요." 씻음은 용서 뒤를 잇는 것이며 믿는 사람들 마음속에 예수님의 피의 능력을 내면에 경험적으로 받아들임으로 인한 용서의 결과입니다.

이것은 먼저 양심을 깨끗하게 한다는 말씀에 따라 일어납니다. "하물며 영원하신 성령으로 말미암아 흠 없는 자기를 하나님께 드린 그리스도의 피가 어찌 너희 양심을 죽은 행실에서 깨끗하게 하고 살아계신 하나님을 섬기게 하지 못하겠느냐."(히 9:14) 부정한 사람에게 뿌려지는 송아지 재에 대한 언급은 그리스도의 보배로운 피에 대한 개인적인 경험을 예시하는 것입니다. 양심은 우리의 행동에 따라 선고를 하는 심판관일 뿐만 아니라, 하나님과 우리의 관계와 그리고 우리와 하나님과의 관계를 증언합니다. 피로 양심이 깨끗하게 될 때, 양심은 주님을 기쁘시게 한다는 것을 증언합니다. "섬기는 자들이 단 번에 정결하게 되어 다시 죄를 깨닫는 일이 없으리니 어찌 제사 드리는 일을 그치지 아니하였으리요."(히 10:2) 우리는 피가 죄책과 죄의 능력으로부터 우리를 완전히 구원시켜서 우리가 우리의 거듭난 본성 속에서 죄의 지배로부터 완전히 벗어났다는 내적인 경험을 하는 것은 성령을 통해서 받습니다. 죄는 우리 육신 안에 여전히 삽니다. 그러나 죄는 지배할 능력이 없습니다. 양심은 깨끗해졌습니다. 하나님과 우리 사이를 분리할 최소한의 그림자도 필요 없습니다. 우리는 구속의 완전한 능력으로 하나님을 우러러 봅니다. 피로 씻은 양심은 다름 아닌 바로 완전한 구속 즉 하나님의 충만하신 은택을 증언합니다.

양심이 깨끗해졌다면, 양심이 중심이 되는 마음도 역시 그렇습니다. 우리는 "우리가 양심에 뿌림을 받아 악한 양심으로부터 벗어나고 몸은 맑은 물로 씻음을 받았으니 참 마음과 온전한 믿음으로 하나님께 나아가자."(히 10:22)라는 말씀을 봅니다. 우리의 모든 생각과 욕구와 더불어 지식과 의지를 포함해서 양심이 깨끗해져야할 뿐만 아니라 마음도 깨끗해져야 만합니다. 그리스도께서 죽음에 자신을 넘겨주시고 피를 흘리심으로 그리고 그분이 다시 하늘로 들어가신 덕분에 피를 통해서 그리스도의 죽으심과 부활은 끊임없이 효력이 있습니다. 그분의 이 죽으심과 부활의 능력으로 죄의 욕망과 기질은 죽었습니다.

"예수 그리스도의 피는 모든 죄로부터, 즉 자범 죄 뿐만 아니라 원죄로부터 깨끗하게 합니다." 피는 영혼 속에서 영적인 하늘의 능력을 발휘합니다. 피가 완전히 효력을 미치는 생명 안에 있는 성도들은 옛 본성이 피의 능력이 나타나는 것을 막는다는 사실을 경험으로 깨닫게 됩니다. 피를 통해서 죄의 정욕과 욕망이 정복되고 죽음으로 인해서 모든 것이 깨끗해져서 성령께서 그분의 영광스러운 열매를 맺도록 하실 수 있습니다. 하찮은 죄를 짓는 경우에도 영혼은 즉시 씻어 회복됩니다. 무의식적인 죄조차도 피의 효력으로 무력하게 됩니다.

우리는 죄책과 죄의 오염의 차이를 언급했습니다. 이것은 문제를 분명하게 이해하기 위해서 중요합니다. 그러나 실제 생활에서 우리는 좌우간으로 죄와 오염이 이런 식으로 나누어지지 않는다는 것을 기억해야 합니다. 피를 통해서 하나님은 죄를 전체적으로 처리하십니다. 피의 모든 진정한 효력은 동시에 죄책과 죄의 오염을 장악하는 능력으로 나타납니다. 화목과 씻음은 항상 함께 가며 피는 끊임없이 효력을 미칩니다.

많은 사람들은 만일 우리가 다시 죄를 짓는다면, 우리가 씻음을 받기 위해서 다시 피를 의지하도록 피가 거기에 있다고 생각하는 것 같습니다. 그러나 이것은 그렇지 않습니다. 샘이 항상 흐르고 그 안에 있는 것 또는 그 개울 아래 있는 것을 항상 깨끗하게 하는 것처럼, 역시 피는 "죄와 더러움을 씻기 위해서... 열렸던."(슥 13:1) 이 샘과 같습니다. 영원한 성령의 생명의 영원한 능력은 피를 통해서 역사합니다. 성령을 통해서 마음은 항상 피의 흐름과 씻음 아래서 살 수 있습니다.

구약에서 씻음은 각각의 죄를 위해서 필요했습니다. 신약에서 씻음은 항상 살아계셔서 중보하시는 주님을 의지합니다. 믿음이 이 사실을 보고 바라고 붙잡을 때, 마음은 매 순간 피의 능력의 보호와 씻음 아래서 살 수 있습니다.

### 3. 우리가 어떻게 이 축복의 완전한 기쁨을 경험할 수 있는가?

믿음을 통해서 그리스도의 피의 구속의 공로의 몫을 얻는 사람은 누구든지 또한 피의 씻음과 효력의 몫이 있습니다. 그러나 깨끗하게 하는 그 피에 대한 경험은 여러 가지 이유로 애석하게도 불완전합니다. 그러므로 이 영광스러운 축복을 즐기기 위해서 조건이 무엇인가를 이해하는 것이 아주 중요합니다.

#### (1) 첫째 조건은 무엇보다도 지식이 필요합니다.

많은 사람들은 죄의 용서가 우리가 피를 통해서 얻는 것의 전부라고 생각합니다. 그들은 더 이상 아무것도 묻지 않습니다 그래서 아무것도 얻지 못합니다.

하나님의 성령께서 피의 효력에 대해서 성경에서 각각 다른 말씀을 사용하시는 데는 특별한 목적이 있다는 것을 알아 보기 시작하는 것은 복된 일입니다. 그 다음에 우리는 그 말의 특별한 의미에 대해 묻기 시작합니다. 주님이 우리에게 가르치고 자

하시는 것이 무엇인지 씻음이라는 말을 진정으로 알고자 하는 사람은 그 말이 사용되는 성경의 모든 부분을 주의 깊게 비교해 보도록 합시다. 씻음에 대해서 말씀하는 곳에서 그는 곧 죄책을 없애는 것보다 믿는 사람들에게 더 많은 약속이 있다는 것을 느끼게 될 것입니다. 그는 씻기를 통해서 씻음이 얼룩을 제거할 수 있다는 것을 이해하기 시작할 것입니다. 그는 어떤 면에서 이것이 일어나는지를 완전히 설명할 수 없다할지라도, 그는 그러나 그가 피로 죄의 결과를 깨끗하게 하는 복된 내적인 효력을 기대할 수 있다는 것을 확신하게 될 것입니다. 이 사실에 대한 지식이 그것을 경험하게 하는 첫째 조건입니다.

(2) 둘째 조건은 갈망이 있어야 합니다.

우리 기독교가 우리의 세상에서의 삶을 위해 우리 주님이 의도하신 팔복의 체험을 미래의 삶으로 미루는 것을 너무 기뻐하는 것은 두려운 일입니다. "마음이 청결한 자는 복이 있나니 천국이 그들의 것임이라"(마 5:8).

마음의 청결이 하나님의 모든 자녀의 특성이라는 것은 충분히 인식되지 않습니다, 왜냐하면 그것은 그분과의 교제와 그분의 구원의 기쁨을 누리는 필수 조건이기 때문입니다. 실제로 내면의 갈망이 너무 적어서 항상 주님을 기쁘시게 하지 못합니다. 죄와 죄의 얼룩이 우리에게 너무 어려움을 줍니다.

하나님의 말씀은 우리의 모든 갈망을 자각시키는 축복의 약속으로 우리에게 다가옵니다. 예수님의 피가 모든 죄를 깨끗하게 한다는 것을 믿으십시오. 만일 여러분이 피의 효력에 자신을 넘겨주는 방법을 옳게 배운다면, 피가 여러분 안에서 큰일을 할 것입니다. 여러분은 매 시간 여러분이 여러분의 타락한 본성에도 불구하고, 여러분의 양심이 여러분을 고소하고 있는 지우기 힘든 많은 얼룩으로부터 보호를 받는 피의 영광스러운 씻음의 효력을 경험하고 싶지 않습니까? 여러분의 갈망이 이 축복에 대한 갈망을 일깨우기를 기원합니다. 신실하신 분으로서 하나님이 모든 불의로부터 깨끗하게 하신다는 약속을 여러분 안에서 실행하시는지 시험해 보십시오.

(3) 세 번째 조건은 부정한 모든 것으로부터 여러분 자신을 기꺼이 분리해야 합니다.

죄로 인하여 우리 본성에 있는 것과 세상에 있는 모든 것이 더럽혀졌습니다. 씻음은 부정한 모든 것으로부터 완전히 분리하지 않고 포기하지 않는 곳에서는 효과를 얻을 수가 없습니다. "부정한 것을 만지지 말라."(고후 6:17)는 말씀은 그분의 선택을 받은 백성들에 대한 하나님의 명령입니다. 나를 둘러싸고 있는 모든 것이 부정하다는 것을 인정해야만 합니다.

나의 친구, 나의 소유물, 나의 영, 나의 온 마음이 보배로운 피로 각 관계가 깨끗해지고 나의 영혼과 존재의 모든 활동이 씻음을 통해서 경험할 수 있도록 모든 권리를 내 주어야만 합니다.

그러나 적은 것 일부라도 계속 가지고 있는 사람은 풍부한 축복을 얻을 수 없습니다. 그의 온 존재를 피로 세례를 받도록 하기 위해서 기꺼이 모든 대가를 치르는 사람은 "예수님의 피가 모든 죄를 깨끗하게 하신다."(요일 1:7)는 이 말씀을 완전히 이해하는 가운데 있습니다.

(4) 마지막 조건은 피의 능력을 믿음으로 행사하는 것입니다.

우리가 우리의 믿음을 통해서 피의 효력을 이용하는 것은 아닙니다. 피는 항상 그 능력과 효력을 유지하고 있습니다. 그러나 우리의 불신앙이 마음을 닫아 피의 효력을 가로 막습니다. 믿음은 살아계신 주님이 그분의 피로 주실 신성한 능력을 얻기 위해서 그저 장애물을 없애고 우리의 마음을 열어 놓는 것입니다.

그렇습니다. 피로 인해서 깨끗하게 된다는 것을 믿도록 합시다.

여러분은 아마도 잔디밭 가운데에 있는 샘을 보았을 것입니다. 그 좁은 땅으로 이어지는 많은 여행을 했던 길에 먼지가 길 옆에 자라고 있는 풀 위에 끊임없이 떨어지고 있습니다. 그러나 샘에서 물이 신선하고 깨끗한 물보라가 떨어지는 곳은 먼지의 흔적이 없고 모든 것이 파랗고 싱싱합니다. 이와 같이 그리스도의 보배로운 피는 믿음으로 피를 차지하는 성도들의 영혼 속에서 끊임없이 그 복된 일을 떠맡습니다. 믿음으로 자신을 주님께 맡기고 이것이 일어날 수 있고 일어날 것이라고 믿는 사람은 그에게 그 피의 복된 일이 주어질 것입니다.

피의 하늘의 영적인 효력은 매 순간 실제로 경험할 수 있습니다. 피의 효력은 내가 항상 그 샘 안에 머무르고 항상 나의 주님의 상처 안에 거할 수 있는 것과 같습니다.

성도들이여, 오십시오. 내가 여러분에게 간청합니다. 주 예수님의 피가 모든 죄로부터 여러분의 마음을 어떻게 씻기실 수 있는가를 시험해 보십시오.

여러분은 지친 여행자가 신선한 물줄기에 몸을 담그고 몸을 식히고 씻고 강하게 하는 효력을 경험하려고 물에 뛰어드는 것이 얼마나 기쁨이 되는지를 알 것입니다. 한 시내가 얼마나 끊임없이 하늘 위에서 땅 아래로 흐르는가 믿음으로 여러분의 눈을 치켜서 보십시오. 치유하고 정결하게 하는 예수님의 피의 능력이 땅에 있는 영혼위에 흐르는 것은 복된 성령의 영향력입니다. 아! 이 시냇물에 자리를 잡고 "예수의 피가 우리를 모든 죄에서 깨끗하게 하실 것이다."(요일 1:7)라는 말씀은 여러분이 항상 상상했던 것보다 더 깊고 더 넓은 신성한 의미가 있다는 것을 그냥 믿으십시오. 그분의 피로 여러분을 깨끗하게 하고 여러분 안에서 능력으로 그분의 약속을 이행하실 분은 주 예수님 자신이라는 것을 믿으십시오. 그분의 피로 죄에서 깨끗하게 되는 것이 여러분이 확신을 갖고 날마다 기쁨으로 살 수 있는 축복이라고 생각하십시오.

# 5 장

## 피로 인한 성화

"그러므로 예수도 자기 피로써 백성을 거룩하게 하려고 성
문 밖에서 고난을 받으셨느니라."(히 13:12)

피를 통해서 깨끗하게 되는 것이 우리의 지난 장의 주제였
습니다. 피로 인한 성화가 이제 우리의 주의를 끌어야 합니다.
깊이가 없이 보는 사람에게는 두 말이 같은 용도를 의미하는 말
로 깨끗하게 하는 것과 성화가 거의 차이가 없는 것처럼 보일
수 도 있습니다. 그러나 그 차이는 크고 중요합니다.

깨끗하게 하는 것은 주로 옛 생명과 제거되어야 하는 죄의
얼룩과 관련이 있고 단지 성화의 준비 단계일 뿐입니다.

성화는 새 생명과 하나님이 새 생명에 부여해야만 하는 새
생명의 특성과 관련이 있습니다. 하나님과 연합을 의미하는 성

화는 피로 우리를 사신 특별하고 충만한 축복입니다.

이 둘의 구별이 성경에 분명히 나타나 있습니다. 바울은 우리에게 "물로 씻어 말씀으로 깨끗하게 하사 거룩하게(성화) 하려고 그리스도께서 교회를 위해서 자신을 주셨다."(엡 5:25-26)고 말씀합니다. 주님은 먼저 교회를 깨끗하게 하시고, 그 다음에 거룩하게(성화) 하셨습니다. 디모데에게 보낸 편지에서 바울은 "그러므로 누구든지 이런 것에서 자기를 깨끗하게 하면 귀히 쓰는 그릇이 되어 거룩하고(성화) 주인의 쓰심에 합당하며 모든 선한 일에 준비함이 되리라."(딤전 2:21)고 말씀합니다. 성화는 뒤 따르는 깨끗하게 함을 능가하는 축복입니다.

성화는 또한 제사장들의 위임식과 관계가 있고 레위인들의 정결에 대한 규례에 눈에 띄게 설명되어 있습니다. 성전 봉사에 있어서 제사장들보다 더 낮은 직위에 있었던 후자의 경우는 성화에 대해서는 언급이 없지만, 정결이라는 말이 다섯 번 사용되었습니다.(민 8) 반면에 제사장들의 임직에서 "성화"라는 말이 자주 사용되었습니다. 이는 제사장들은 레위인들보다 하나님과 더 가까운 관계에 있었기 때문입니다(출 29; 레 8). 그와 동시에 이 설명은 희생의 피와 성화의 밀접한 관련을 강조하니다. 레위인들의 정결예식의 경우에 죄에 대한 화목이 이루어졌습니다. 그들은 깨끗하게 하기 위해서 불순하거나 더러운 것을 깨끗하게 하는 물로 뿌림을 받았지만, 피로 뿌림을 받지는 않았습니다. 그러나 제사장들의 임직식에서는 피가 그들에게 뿌려져야만 했습니다. 그들은 피를 더 개인적으로 밀접하게 적용함으로 성화되었습니다.

이 모든 것은 예수 그리스도의 피로 인한 성화의 전형이었습니다. 이것이 이제 우리가 성화의 몫을 얻기 위해서 이해하려고 노력하는 것입니다. 그러면 다음 세 가지 문제를 고려해 봅시다.

1. 성화란 무엇인가
2. 예수 그리스도의 고난의 주된 목적인 성화
3. 피로 말미암아 얻을 수 있는 성화

## 1. 성화란 무엇인가

구속받은 사람들의 성화가 무엇인가를 이해하기 위해서 우리는 먼저 하나님의 거룩하심이 무엇인가를 알아야만 합니다.

하나님만이 거룩하신 분이십니다. 피조물의 거룩함은 하나님
으로부터 받아들여야만 합니다.

하나님의 거룩하심은 마치 거룩함이 죄에 대한 그분의 강한
증오심과 적개심에 있는 것처럼 흔히 입에 오르내렸습니다. 그
러나 이것은 실제로 거룩함이 무엇이냐에 대해서 설명을 하지
못합니다. 그것은 단지 하나님의 거룩하심이 죄를 참으실 수 없
으시다는 부정적인 진술입니다.

거룩함은 하나님은 항상 지극히 선한 분이시며, 지극히 선
한 것을 의도하시고 행하시고, 또한 그분의 피조물에게 지극히
선한 것을 바라시고 그들에게 선한 것을 부여하시는 하나님의
속성입니다.

하나님은 죄를 벌하실 뿐만 아니라 백성들의 구속자이시기
때문에 성경에서 "거룩한 분"이라고 불립니다. 죄인들을 구속
하기 위해서 그분을 움직이신 것은 항상 선한 것을 의도하시는
그분의 거룩하심입니다. 죄를 벌하시고 죄인을 구속하시는 사
랑은 둘 다 같은 근원-그분의 거룩하심에서 비롯됩니다. 거룩
하심은 하나님의 본성의 완전하심입니다.

인간의 거룩함은 하나님의 거룩하심과 완전히 일치하는 기질입니다. 인간의 거룩함은 "내가 거룩하니 너희도 거룩할지어다."(벧전 1:15)라고 기록된 대로 하나님이 명하시는 대로 모든 것을 바라고 선택하는 것입니다. 우리 안에 있는 거룩함은 하나님과 하나됨 이외는 없습니다. 하나님의 백성의 성화는 하나님의 거룩하심과 교제에 의해서 영향을 받습니다. 그분만이 소유하고 계시는 거룩함을 주시는 거룩하신 하나님 외에 성화를 얻는 다른 방법은 없습니다. 하나님만이 거룩하신 분이십니다. 하나님은 거룩하게 하시는 주님이십니다.

성경은 성화라는 말에 덧붙이는 다른 의미로 그리고 하나님과의 어떤 관계를 거룩하게 하는 것에 주의를 기울이도록 지적하고 있습니다.

성화라는 말의 우선 간단한 의미는 "분리"를 의미합니다. 하나님의 명령에 따라 주위의 모든 사물에서 빼내서 그분을 자신을 섬기도록 하기 위해서 그분 자신의 소유로 챙겨 놓는 것 또는 따로 떼어 놓는 것 그것이 거룩입니다. 이것은 죄로부터 분리하는 것만을 의미하는 것이 아니라, 세상에 있는 모든 것, 심지어 허용될 수 있는 것으로부터 분리하는 것을 의미합니다. 한

실례로 하나님은 일곱째 날을 거룩하게 하셨습니다. 그러나 다른 날들이 부정한 것은 아닙니다. 이는 하나님이 그분이 창조하신 모든 것이 "심히 좋았다."(창 1:31)고 보셨기 때문입니다. 그러나 하나님이 그분 자신의 특별한 행동으로 소유하신 그 날만이 거룩했습니다. 같은 방법으로 하나님은 그분께 거룩하게 되도록 이스라엘을 다른 민족으로부터 분리하시고 이스라엘 안에서 제사장들을 분리하셨습니다. 성화에 이르는 이 분리는 항상 하나님 자신의 일입니다. 그래서 하나님의 선택받은 은혜는 흔히 성화와 밀접하게 관련이 있습니다. "너희는 나에게 거룩할지어다 이는 나 여호와가 거룩하고 내가 또 너희를 나의 소유로 삼으려고 너희를 만민 중에서 구별하였음이니라."(레 20:26) "여호와께서 택하신 자는 거룩하게 되리라."(민 16:7) "너는 여호와 네 하나님의 성민이라 네 하나님 여호와께서 지상 만민 중에서 너를 자기 기업의 백성으로 택하셨다."(신 7:6) 하나님은 다른 신과 함께하실 수 없으십니다. 하나님은 그분의 거룩하심을 드러내 보이시고 거룩하심을 부여하신 사람들의 유일한 소유자와 통치자가 되셔야만 합니다.

그러나 이 분리는 성화라는 말에 모두 포함된 것이 아닙니다. 분리는 오직 따라야할 것의 필수적인 조건입니다. 분리 되었을 때, 사람이 하나님을 섬기도록 구별된 것은 생명이 없는 물체와 다름없이 하나님 앞에 서는 것입니다. 만일 분리가 가치가 있는 것이라면, 더 많은 것이 일어나야만 합니다. 사람은 자발적으로 그리고 진심으로 이 분리에 자신을 넘겨주어야 합니다. 성화는 주님의 것이 되기 위해서 주님께 대한 자신의 개인적인 헌신을 포함합니다.

성화는 화목이 우리의 개인적인 삶의 한 가운데에 우리의 의지, 우리의 사랑이 뿌리를 내리고 자리를 잡고 있고 있을 때만이 우리의 것이 될 수 있습니다. 하나님은 그분의 뜻을 거역하는 사람은 어떤 사람도 거룩하게 하지 않으십니다. 그러므로 하나님께 개인적으로 마음으로부터의 복종은 성화의 필수적인 부분입니다.

성경이 우리를 거룩하게 하시는 하나님이라고 말씀할 뿐만 아니라, 자주 우리가 우리 자신을 거룩하게 해야 한다고 말씀하는 것은 이런 이유 때문입니다.

그러나 헌신에 의해서조차도, 참된 성화는 아직 마무리 되지 않았습니다. 분리와 헌신은 하나님이 그분 자신의 거룩을 영혼들에게 부여하심으로 그분이 행하실 영광스러운 일을 위한 준비일 뿐입니다. "신성한 성품에 참여하는 것."(벧후 1:4)은 성화를 믿는 자들에게 약속하신 축복입니다. "우리를 그분의 거룩하심에 참여하게 하는 것."(히 12:10)은 그분 자신을 위해서 그분이 분리하신 사람들 안에서 행하시는 하나님의 일의 영광스러운 목적입니다. 그러나 이 그분의 거룩을 나누어 주시는 것은 하나님 자신과 별개의 선물이 아닙니다. 아닙니다! 성화가 얻을 수 있는 것은 그분과의 개인적인 교제의 과정에서 그분의 신성한 생명에 참여 하는데 있습니다.

거룩한 분으로서 하나님은 그분의 백성을 거룩하게 하시려고 이스라엘 백성 가운데 사셨습니다.(출 29:45-46) 거룩한 분으로서 하나님은 우리 안에 사십니다. 거룩하게 할 수 있는 것은 오직 하나님의 임재입니다. 하지만 이것은 분명히 우리의 몫인 것이 확실합니다. 성경은 우리가 하나님의 모든 충만으로 채워질 수 있도록 그러한 능력으로 우리 마음에 거하시는 하나님에 대해서 말씀하는 것을 꺼리지 않습니다. 진정한 성화는 우리 안에 사시는 하나님과 교제이며 그분이 우리 안에 거하시는 것입니다. 그러므로 그리스도 안에서 하나님이 육체 안에 그분의 거처를 새롭게 차지하시고, 성령께서 우리 안에 거하시기 위해서 오셔야 할 필요가 있으셨습니다. 이것이 성화가 의미하는 것입니다. 이제 다음을 주목 합시다.

## 2. 예수 그리스도의 고난의 주된 목적인 성화

이 성화는 예수 그리스도께서 고난 받으신 목적이었습니다.

이것은 히브리서 13장 12절에 분명히 제시되어 있습니다. "예수도 자기 피로써 백성을 거룩하게 하려고 성문 밖에서 고난을 받으셨느니라." 하나님의 지혜로 그분의 거룩에 참여하는 것은 사람에 대한 고귀한 하늘의 섭리입니다. 그러므로 또한 이것은 우리 주 예수 그리스도의 세상에 오심의 목적이며 무엇보다도 그분의 고난과 죽으심의 중심적인 목적이었습니다. 그 것은 "곧 창세전에 그리스도 안에서 우리를 택하사 우리로 사랑 안에서 그 앞에 거룩하고 흠이 없게 하시려는 것."(엡 1:4) 이었습니다.

그리스도의 고난이 어떻게 이 목적을 달성하고 우리의 성화가 되었는가는 그분이 자신을 희생 제물로 결박하도록 허락하셨을 때 그분이 그분의 아버지께 말씀하셨던 말씀으로 우리에게 분명해졌습니다. "또 그들을 위하여 내가 나를 거룩하게 하오니 이는 그들도 진리로 거룩함을 얻게 하려 함이니이다."(요 17:19) 그분의 고난과 죽으심이 우리를 위한 성화가 될 수 있도록 하는 것은 그분의 고난과 죽으심이 그분 자신을 거룩하게 하는 것이었기 때문입니다.

그것은 무엇을 의미하는 것일까요? "아버지께서 거룩하게 하셔서 세상에 보내신" 예수님은 하나님의 거룩한 분이셨습니다. 그런데 그분이 자신을 거룩하게 하셔야만 하실까요? 그분은 그렇게 하셔야만 하십니다. 그것은 필수적인 것이었습니다.

그분이 소유하신 성화는 시험의 범위를 넘어서지 않습니다. 시험 속에서 그분은 그분의 성화를 유지하여야만 하고 그분의 뜻이 하나님의 거룩하심에 얼마나 완벽하게 복종했는가를 보여 주셔야만 합니다. 우리는 사람의 참된 거룩은 하나님의 뜻과 그분의 뜻과 완벽한 하나됨이라는 것을 살펴보았습니다. 우리 주님의 모든 삶을 통해서, 광야에서 시험으로부터 줄곧 주님은 그분의 아버지의 뜻에 자신을 복종시키셨고 자신을 하나님께 희생 제물로 바치셨습니다. 그러나 그분이 이렇게 하신 것은 주로 겟세마네 동산에서였습니다. 어둠의 시간과 세력이 있었습니다. 그분의 입으로부터 하나님의 진노의 무서운 잔을 치워버리고 그분 자신의 뜻을 행하라는 시험은 너무 매력적이어서 거의 거부할 수 없는 세력으로 임했습니다. 그러나 주님은 그 시험을 거절하셨습니다. 주님은 하나님의 뜻과 거룩하심에 자신과 자신의 뜻을 바쳤습니다. 주님은 하나님의 거룩하심과 자신의 뜻이 완벽하게 하나가 되게 하심으로 자신을 거룩하게 하셨습니다. 그분 자신의 이 성화는 우리 또한 진리를 통해서 성화될 수 있는 능력이 되었습니다. 이것은 우리가 히브리서에서 배운 것과 완전히 일치합니다. 거기에서 그리스도께서 사용하셨던 말씀을 말씀하는 것을 읽어 보겠습니다. "보시옵소서 내가 하나님의 뜻을 행하러 왔나이다..." 그리고 나서 덧붙여서 "이 뜻을 따라 예수 그리스도의 몸을 단번에 드리심으로 말미암아 우리가 거룩함을 얻었노라."(히 10:9-10) 우리가 그분의 뜻으로 거룩하게 되는 것은 그분의 몸의 제물이 하나님의 뜻을 행하기 위해서 그분 자신을 굴복시키셨기 때문입니다. 그분은 우리가 진리를 통해서 거룩하게 될 수 있도록 하기 위해서 우리를 위해서 거기에서 자신을 거룩하게 하셨습니다. 그분이 하나님의 거룩하신 뜻이 그분 안에서 성취될 수 있도록 그분이 복종하시는 완전한 순종은 우리의 구원의 가치 있는 원인일 뿐만 아니라, 동시에 그로 인해서 죄가 항상 정복되고 같은 성향과 같은 성화를 우리의 마음속에 불러일으킬 수 있도록 하는 능력입니다.

히브리서의 다른 곳에서 우리 주님과 그분의 백성과의 진정한 관계가 어떻게 되었는지를 말한 후, 우리 주님이 그처럼 고난을 겪어야 한다고 말하면서 그것의 가장 주요한 목적을 위해서 성화되는 것으로 훨씬 더 분명하게 묘사되어 있습니다. "거룩하게 하시는 이와 거룩하게 함을 입은 자들이 다 한 근원에서 난지라."(히 2:11) 우리 주님과 그분의 백성들의 연합은 그들이 한 아버지로부터 그들의 생명을 받고 다름 아닌 바로 동일한 성화에 관여한다는 사실에 있습니다. 예수님은 거룩하게 하시는 분이시고 우리는 거룩하게 되었습니다. 성화는 주님과 우리를 연합시키는 끈입니다. "예수도 자기 피로써 백성을 거룩하게 하려고 성문 밖에서 고난을 받으셨느니라."(히 13:12)

만일 우리가 피로 인한 성화가 무엇을 의미한가를 실제로 기꺼이 이해하고 경험하려면, 우리가 먼저 성화는 우리 주님의 온전한 고난의 특성이자 목적이며 고난의 피가 열매며 축복의 수단이라는 사실을 꽉 붙잡는 것이 우리에게 극도로 중요합니다. 그분 자신의 성화는 그러한 고난의 특징이 있고 그 안에 고난의 가치와 능력이 있습니다. 우리의 성화는 그러한 고난의 목적이며  오직 그 목적에 이를 때만 그들이 완전한 축복을 가져옵니다. 이것이 우리에게 분명하게 드러남에 비례하여 우리는 그분의 고난의 진정한 의미와 축복으로 나아가게 될 것입니다.

하나님은 거룩하신 분으로 구속을 작정하셨습니다. 하나님은 그분의 형상대로 사람을 성화시키심으로 죄를 이기는 승리에서 그분의 거룩하심을 영화롭게 하시는 것이 그분의 뜻이었습니다. 우리 주 예수님이 그분의 고난을 견뎌내시고 성취하신 것은 같은 목적이셨습니다. 우리는 하나님께 헌신해야만 합니다. 만일 성령, 영으로 거룩하신 하나님이 예수 안에 있는 구속을 우리 안에 드러내 보이시기 위해서 우리 안으로 들어오신다면, 이것은 그분과 함께 계속 있는 것이며 또한 주요한 목적입니다. 성령으로서 그분은 거룩한 영이십니다.

화목과 용서 그리고 죄로부터 깨끗하게 되는 것은 모두 이루 말할 수 없는 가치가 있습니다. 그러나 그들 모두는 전적으로 성화를 가리킵니다. 보배로운 피 자국이 있는 각 사람은 그것은 하나님과 완전한 분리를 특징짓는 신성한 표시라는 것과 이 피가 하나님을 위해서 전적인 헌신하며 살도록 그를 부른 다

는 것과 이 피는 약속이자 하나님의 거룩하심에 참여하는 능력
이며 그로 말미암아 하나님 자신이 그분 안에 그분이 거처하시
는 곳을 만드시고 그의 하나님이 되실 것이라는 것을 아는 것
이 하나님의 뜻입니다.

아, 우리가 그 사실을 이해하고 믿을 수 있도록 "예수님도
자기 피로써 백성을 거룩하게 하려고 성문 밖에서 고난을 받으
셨습니다."(히 13:12)

### 3. 피로 말미암아 얻는 성화

이 질문에 대한 대답은 전반적으로 피의 효력에 관여하는
모든 사람은 또한 성화의 참여자가 되고 하나님이 보시기에 거
룩한 사람이라는 것입니다.

그는 피와 친밀하고 지속적인 접촉에 비례해서, 어떻게 그
런 효력이 생성되는지 아직 거의 이해하지 못한다할지라도  그
는 점점 더 피의 성화시키는 효력을 계속 경험하게 됩니다. 피
가 자기 안에서 거룩하게 하는 능력을 나타낼 수 있도록 믿음
으로 기도하기 전에 아무도 먼저 모든 것을 파악하거나 또는

모든 것을 설명하는 법을 먼저 이해해야만 한다는 생각을 하지 맙시다.

아닙니다. 주 예수님이 제자들의 발을 씻기시고 "내가 하는 것을 네가 지금은 알지 못하나 이후에는 알리라."(요 13:7)고 말씀하셨던 것은 단지 깨끗하게 하는 목욕과 관련되어 있습니다. "그분 자신의 피로" 그분의 백성을 거룩하게 하시는 분은 주 예수님이십니다. 우리를 그분의 피로 사신 어린 양을 믿음으로 경배하는데 진심으로 자신을 바치고 영적인 교제를 하는 사람은 그 피를 통하여 그가 상상도 할 수 없는 성화를 경험하게 될 것입니다. 주 예수님이 그 사람을 위해서 그렇게 하실 것입니다.

그러나 믿는 사람은 또한 지식에서 성장해야 합니다. 그러므로 그는 그를 위해서 예비된 풍성한 축복으로 들어갈 수 있습니다. 우리는 권리가 있을 뿐만 아니라, 피의 복된 효력과 우리의 성화 간에 어떤 필수적인 관련이 있는가, 어떤 면에서 주 예수님이 그분의 피로 우리 안에서 역사하시는가, 우리가 성화의 주된 특성이 되는 그러한 것들을 확인하기 위해서 열심히 알아보는 것이 우리의 의무입니다.

우리는 모든 성화의 축복은 흠이 없는 그분의 소유물로서 그분의 처분에 맡기기 위해서 하나님께 분리 하는 것입니다. 의 권능이 제압되었다는 것, 우리가 죄의 굴레에서 풀려났다는 것, 우리가 더 이상 죄에 묶인 종들이 아니라는 것, 이것이 단지 피가 선포하는 것이 아니라, 그분의 피로 우리의 자유를 사신 분의 것이 아닙니까? "너희는 너희 자신이 것이 아니라 값으로 산 것이 되었으니 그런즉 너희 몸으로 하나님께 영광을 돌리라."(고전 6:19-20) 이것은 피가 우리에게 우리가 하나님의 소유라는 것을 말하는 말씀입니다. 그분이 그분을 위해서 우리를 완전히 소유하기를 원하시기 때문에 그분은 오직 그분만을 섬기며 살도록 우리를 선택하시고 사셔서 그들을 모든 주변으로부터 분리된 사람들로서 피의 구별 표시를 두셨습니다. 이 분리의 목적은 우리가 종종 반복하는 "예수도 자기 피로써 백성을 거룩하게 하려고 성문 밖에서 고난을 받으셨느니라. 그런즉 우리도 그의 치욕을 짊어지고 영문 밖으로 그에게 나아가자."(히 13:12)는 말씀에 분명히 나타나 있습니다. 이 세상에 속한 모든 것으로부터 "나가는 것"은 거룩하고 더럽혀지지 않고 죄인들과 분리된 그분의 특성이었습니다. 따라서 그것이 그분을 따르는 모든 사람들의 특성이 되어야 합니다.

성도들이여, 주 예수께서 자신의 피를 통해서 당신을 거룩하게 하셨습니다. 그분은 여러분이 그 피를 통해서 이 성화의 완벽한 능력을 경험하게 하기를 원하십니다. 주님의 피 뿌림을 통해서 여러분 안에서 일어나는 것의 확실한 효과를 얻기 위해서 전력을 다하십시오. 거룩하신 하나님은 자신을 위해서 여러분을 완전히 소유하기를 원하십니다. 어떤 사람도 어떤 것도 더이상 여러분에 대한 최소한의 권리도 없을 뿐만 아니라, 여러분 자신도 여러분에 대한 어떤 권리도 없습니다. 하나님은 자신에게로 여러분을 분리하셨습니다. 여러분이 이것을 느낄 수 있도록 그분이 여러분에게 그분의 표식을 찍으셨습니다. 그 표식은 예수님의 피로, 땅에서나 하늘에서 발견되는 가장 놀라운 것입니다. 하나님의 영원한 아들의 피는 은혜의 보좌 위에 항상 하나님의 얼굴 앞에 있는 피이며, 죄의 권능으로부터 완전한 구원을 여러분에게 확신시켜 주는 피이며, 여러분이 하나님의 소유라는 표시로서 여러분에게 뿌려진 피입니다.

성도들이여, 나는 피에 대한 모든 생각이 여러분 안에 "그분 자신의 피로 주 예수님이 나를 거룩하게 하시고 하나님을 위해서 나를 완전한 소유로 삼으셨다. 따라서 나는 완전히 하나님의 소유이다."라는 영광스러운 고백을 불러일으키기를 기도합니다.

우리는 성화가 분리 이상이라는 것을 보았습니다. 그것은 단지 시작에 불과합니다. 우리는 또한 오직 주님을 위해서 살기 위해서, 하나님의 거룩하신 뜻 안에서 개인적인 헌신과 마음에서 우러나오는 자발적인 굴복이 성화의 부분이라는 것을 보았습니다.

어떤 방법으로 그리스도의 피가 우리 안에서 이 굴복을 해결하고 그 굴복 안에서 우리를 거룩하게 할 수 있는가? 그 대답은 어렵지 않습니다. 우리를 구속하시는 피와 죄로부터 우리를 자유하게 하는 피의 능력을 믿는 것만으로는 충분하지 않습니다. 우리는 무엇보다도 이 능력에 주목해야 합니다.

우리는 주 예수님이 자신을 기꺼이 내어 주셨기 때문에 피가 이 능력이 있다는 것을 알고 있습니다. 그분은 그분의 피를 흘리심으로 자신을 거룩하게 하게 하시고 자신을 하나님과 그분의 거룩하심에 완전히 바치셨습니다. 피가 그토록 거룩하고 정결하게 하는 능력을 지고 있는 것은 이 때문입니다. 피 안에 그리스도의 자기포기의 인상적인 표현이 있습니다. 피는 항상 길을 여시고 우리의 죄의 승리를 위해서 능력을 공급하시는 아버지께 대한 예수님의 헌신에 대해서 말합니다. 우리가 피에 더 가까이 다가갈수록 그리고 피가 뿌려졌다는 깊은 인상 속에서 살면 살수록, 우리는 피의 소리를 더 분명하게 들을 것이고 "하나님께 전적인 복종이 완전한 구속의 길이라는 것을 선언할 것입니다."

피의 소리는 단지 우리를 가르치거나 생각을 일깨우기 위해서 말하지 않을 것입니다. 피는 신성한 생명과 능력을 주는 것으로 말합니다. 피가 명령하는 것, 피가 주는 것, 그것은 우리 주 예수 안에 있었던 같은 성질을 이루어냅니다. 주님 자신의 피로 예수님은 우리가 아무것도 방해하지 않고 하나님의 거룩하신 뜻에 전심으로 복종할 수 있도록 우리를 거룩하게 하십니다.

그러나 헌신 자체는 어떤 것과 덧붙여도, 잇따르는 분리는 여전히 준비일 뿐입니다. 완전한 성화는 하나님이 그분께 봉헌된 성전을 차지하시고 그분의 영광으로 가득 찰 때 일어납니다. "내가 거기서 이스라엘 자손을 만나리니 내 영광으로 말미암아 회막이 거룩하게 될지라."(출 29:43) 실제적이고 완전한 성화는 하나님이 그분 자신의 거룩하심의 특성을 나주어 주심에 있습니다.

여기에도 피는 말합니다. 피는 하늘이 열렸다는 것과 하늘의 생명의 능력이 땅에 내려왔다는 것과 모든 방해물이 제거되었다는 것과 하나님이 사람과 함께 거하실 수 있다는 것을 우리에게 말합니다.

하나님과 즉각적인 친밀함과 친교가 피로 가능하게 되었습니다. 피에 자신을 기탄없이 내어주는 성도는 하나님이 자신을 전적으로 주시고 자기 안에 그분의 거룩하심을 드러내실 것이라는 완전한 확신을 얻습니다.

그러한 성화의 결과가 얼마나 영광스럽습니까! 성령을 통한 영혼의 교제는 하나님이 가까이 거하시는 것, 즉 죄에 대한 주의를 깨우치는 각성과 함께 하나님에 대한 주의와 두려움에 주의를 기울이는 살아 있는 경험을 하는데 있습니다.

그러나 죄에 맞서 주의를 기울이면서 살아가는 것은 영혼을 만족시키지 못합니다. 성전은 깨끗하게 되어야 할 뿐만 아니라,

반드시 하나님의 영광으로 충만해야 합니다. 신성의 거룩의 모든 효력은, 주 예수님 안에서 나타난 것처럼, 하나님과 교제 안에서 구하고 찾아야 합니다. 성화는 하나님과의 연합 즉 그분의 뜻 안에서 교제하고 그분의 생명을 나누고 그분의 형상에 순응하는 것을 의미합니다.

　　그리스도인들이여, "예수님도 자기 피로써 백성을 거룩하게 하시려고 성문 밖에서 고난을 받으셨습니다. 그런즉 우리도 그분의 치욕을 짊어지고 영문 밖으로 그분께 나아갑시다."(히 13:12) 그렇습니다. 그분의 백성을 거룩하게 하시는 분은 그분이십니다. "그 분께 나아갑시다." 우리에게 그분의 피의 능력을 알려 주시도록 그분을 신뢰합시다. 우리 자신을 그 피의 효력에 완전히 넘겨줍시다. 그분이 그분 자신을 거룩하게 하셨던 그 피는 우리를 위해서 그것을 열기 위해서 하늘로 들어갔습니다. 하나님의 은혜와 영광이 우리 안에 머무를 수 있도록 피는 또한 우리의 마음에 하나님의 보좌를 만들 수 있습니다. 그렇습니다. "우리도 영문 밖으로 그분께 나아갑시다." 예수님이 그를 거룩하게 하도록 모든 것을 기꺼이 포기하고 작별 인사를 하는 사람은 축복을 얻을 것입니다. 어떤 대가를 치르더라도 보배로운 피의 온전한 능력을 흔쾌히 경험하기를 원하는 사람은 그 피

를 통해서 자신이 예수님 자신에 의해서 거룩하게 될 것이라고
자신있게 확신할 수 있습니다.

　"바로 평강의 하나님이 여러분을 온전하게 정결케 하십니
다." 아멘

# 6 장

## 살아계신 하나님을 섬기거나
## 영적 교제를 하도록 피로 깨끗케 됨

"이제는 전에 멀리 있던 너희가 그리스도 예수 안에서 그리스도의 피로 가까워졌느니라."(엡 2:13)

"그가 거룩하게 된 자들을 한 번의 제사로 영원히 온전하게 하셨느니라."(히 10:14)

피로 인한 성화에 대한 우리의 연구 후에, 우리는 이제 우리가 성화에 의해서 접했던 하나님과 친밀한 교제가 무엇을 포함하고 있는가를 고려하여야 합니다.

성화와 영적인 교제는 성경에서 밀접하게 관련된 사실들입니다. 성화를 제외하고 그런 영적인 교제가 있을 수 없습니다. 부정한 사람이 어떻게 거룩하신 하나님과 교제를 할 수 있습니까? 반면에 이 교제 없이 거룩함으로 성장이 있을 수 없습니다. 거룩에 대해서 알 수 있는 것은 거룩하신 분과 항상 그리고 오직 교제를 통해서 만 가능합니다.

성화와 영적인 교제의 관계는 나답과 아비후의 반역의 이야기 가운데 나타납니다. 하나님은 이스라엘에서 제사장직의 독특한 특성에 관한 명확한 말씀을 하실 때 이것을 기회로 삼으셨습니다. 하나님은 "나는 나를 가까이 하는 자 중에서 내 거룩함을 나타내겠고 온 백성 앞에서 내 영광을 나타내리라."(레 10:3)고 말씀하셨습니다. 그 때 다시 모세와 아론에 반대하여 맞선 고라의 음모에 대해서 하나님을 대변하는 모세는 "아침에 여호와께서 자기에게 속한 자가 누구인지 거룩한 자가 누구인지 보이시고 그 사람을 자기에게 가까이 나아오게 하시되 곧 그가 택하신 자를 자기에게 가까이 나아오게 하시리니."(민 16:5)라고 말씀했습니다.

우리는 이미 하나님의 선택과 그분 자신의 분리가 성화와 밀접하게 연관이 되어 있음을 보았습니다. 거룩함으로 이 선택에 의해 확보된 영광과 축복은 바로 하나님과 영적인 교제뿐이라는 것이 분명합니다. 이것은 참으로 하나님을 위해서 창조된 사람을 위한 최고의 완벽한 축복이며 그분의 사랑을 누리는 것입니다. 시편기자는 노래합니다. "주께서 택하시고 가까이 오게 하사 주의 뜰에 살게 하신 사람은 복이 있나이다 우리가 주의 집 곧 주의 성전의 아름다움으로 만족하리이다."(시 65:4) 필연적으로 하나님께 헌신하고 그분께 가까이 가는 것은 똑 같은 일입니다.

사람을 거룩하게 하고 하나님을 위해서 그를 붙잡는 피를 뿌리는 것은 동시에 영적인 교제의 권리를 줍니다.

그것은 이스라엘의 제사장들에게도 마찬가지였습니다. 제사장들의 헌신을 기록한 말씀에서 우리는 읽습니다. "아론의 아들들을 데려다가 모세가 그 오른쪽 귓부리와 그들의 손의 오른쪽 엄지 손가락과 그들의 발의 오른쪽 엄지발가락에 그 피를 바르고 또 모세가 제단 사방에 뿌렸다."(레 8:24) 하나님께 속한 사람은 실로 그분과 가까이 살아야만 합니다. 제사장들은 그분께 속합니다. 이것은 우리의 위대한 대제사장이신 우리 주님의 경우에 설명되어 있습니다. "오직 자기의 피로 영원한 속죄를 이루사 단번에 성소에 들어가셨느니라."(히 9:12) 그것은 "그러므로 형제들아 우리가 예수의 피를 힘입어 성소에 들어갈 담력을 얻었나니, 우리가 마음에 뿌림을 받아 악한 양심으로부터 벗어나고 몸은 맑은 물로 씻음을 받았으니 참 마음과 온전한 믿음으로 하나님께 나아가자."(히 10:19, 22)라는 말씀에 따르면 모든 성도들이 동일합니다. 이 구절에서 사용된 "들어가다"는 말씀은 제사장이 하나님께 접근하는데 사용된 독특한 말입니다. 같은 방법으로 계시록에서는 제사장으로 접근하는 우리의 권리는 피의 능력으로 되는 것이라고 선언하고 있습니다. 우리는 "그분께 영원한 영광이 되도록 우리 하나님 앞에서 나라와 제사장들을 삼으신 분이 그분 자신의 피로 우리의 죄로부터 구속."(계 5:9-10) 하셨습니다. "이들은 어린 양의 피에 그 옷을 씻어 희게 된 사람들입니다, 그러므로 그들은 하나님의 보좌 앞에 있고 또 그의 성전에서 밤낮 하나님을 섬기는 사람들입니다."(계 7:14-15)

피의 능력이 우리에게 가장 가능하게 만든 축복 중 하나는 보좌에 다가가서 바로 하나님 앞으로 이끌어 주는 축복입니다. 우리가 이 축복이 무엇인가를 이해하기 위해서 피의 능력에 무엇이 들어 있는가를 알아보도록 합시다. 그것은 다음과 같은 것을 포함하고 있습니다.

1. 하나님 앞에 거할 권리

2. 하나님께 영적인 제물을 바치는 소명

3. 다른 사람들을 위해서 축복을 구하는 능력

## 1. 하나님 앞에서 거할 권리

이 특권은 비록 이스라엘의 제사장들에게만 있지만, 우리는 그들이 하나님이 거주하시는 곳에 자유롭게 출입했다는 것을 알고 있습니다. 그들은 거기에 계속 머물러야만 했습니다. 하나님의 가족의 일원으로써, 그들은 제단에 올린 빵을 먹고 희생 제물을 같이 나누어야 했습니다. 참 이스라엘 사람들은 이보다 더 높은 특권이 없다고 생각했습니다. 이 특권은 시편기자에 의해서 이와 같이 표현되고 있습니다. "복이 있는 또는 행복한 사람은 주께서 택하시고 가까이 오게 하사 주의 뜰에 살게 하신 사람이나이다 우리가 주의 집 곧 주의 성전의 아름다움으로 만족하리이다."(시 65:4)

그 옛날의 성도들은 그런 열렬한 소원으로 하나님의 집을 간절히 바랐다는 것은 거기에 하나님의 임재가 나타났기 때문입니다. 그 부르짖음은 "내 영혼이 하나님 곧 살아 계시는 하나님을 갈망하나니 내가 어느 때에 나아가서 하나님의 얼굴을 뵈올까?"(시 42:2)였습니다. 그들은 "하나님께 나아가는" 영적인 특권의 의미를 알았습니다. 그것은 그들에게 그분의 사랑과 친교, 보호와 축복의 기쁨을 나타내고 있습니다. 그들은 "주를 두려워하는 자를 위하여 쌓아 두신 은혜 곧 주께 피하는 자를 위하여 인생 앞에 베푸신 은혜가 어찌 그리 큰지요 주께서 그들을 주의 은밀한 곳에 숨기사 사람의 꾀에서 벗어나게 하시고 비밀히 장막에 감추사 말다툼에서 면하게 하시리이다."(시 31:19-20)라고 외쳤습니다.

그리스도의 보배로운 피는 성도들에게 하나님의 임재 안으로 들어가는 길을 열었습니다. 그분과의 교제는 영적인 실재입니다. 피의 완전한 능력을 알고 있는 사람은 아주 가까이에서 언제나 하나님의 임재 안에서, 그리고 그에 딸린 이루 말할 수 없는 축복의 즐거움 속에서 살 수 있습니다. 그곳에서 하나님의 자녀는 하나님의 사랑을 확신합니다. 그는 하나님의 사랑을 경험하고 만끽합니다. 하나님이 직접 그것을 주십니다. 그는 날마다 하나님과 친교와 교제 안에서 삽니다. 하나님의 자녀로서 그는 완전한 자유, 그의 생각과 소원을 아버지께 알립니다. 하나님과 이 친교 안에서 그는 그가 필요한 모든 것을 손에 넣습니다. 그는 좋은 것을 원치 않습니다. 그의 영혼은 계속 완전한 안식과 평안을 누립니다. 이는 하나님이 함께 계시기 때문입니다. 그는 모든 필요한 지시와 가르침을 받습니다. 하나님의 눈은 항상 그에게 있고 그를 인도합니다. 하나님과 친교 중에 그는 성령의 조용한 속삭임을 들을 수 있습니다. 그는 그분의 아버지의 뜻을 보여주는 경미한 징후도 깨닫고 따르는 법을 배웁니다. 그의 힘은 지속적으로 강해집니다. 이는 하나님이 그의 힘이시며 항상 그와 함께 계시기 때문입니다.

하나님과 친교는 그의 삶과 성품에 큰 영향력을 미칩니다. 하나님의 임재가 그를 겸손과 경외심과 거룩한 신중함으로 채워줍니다. 그는 왕의 면전에서 삽니다. 하나님과의 교제는 그의 안에 하나님과 같은 성향을 낳습니다. 하나님의 형상을 바라볼 때 그는 같은 형상으로 변화됩니다. 거룩한 분과 함께 사는 것이 그를 거룩하게 만듭니다. 그는 "하나님께 가까이함이 내게 복이라."(시 73:28)라고 말할 수 있습니다.

오, 새언약의 자녀인 여러분은 휘장이 조각조각 찢어져 하나님의 거룩한 면전에서 항상 살도록 길이 열려 있다는 점에서 이렇게 말할 이유가 천 배나 더 있지 않습니까? 이 고귀한 특권이 우리의 소원을 일깨우기를 기원합니다. 하나님과 교제, 하나님과 친교, 하나님 함께 사는 것, 그분이 우리와 함께 계시는 것, 이것이 우리가 어떤 다른 것에 만족하는 것을 불가능하게 하기를 기원합니다. 이것이 참 그리스도인의 삶입니다. 그러나 하나님과 친교는 그 안에서 누린 구원 때문일 뿐만 아니라, 그 친교 때문에 드릴 수 있는 봉사 때문에 복된 것입니다.

그러므로 고려해 봅시다.

## 2. 하나님께 영적인 제물을 드리는 소명

하나님께 영적인 희생 제물을 드리는 우리의 소명은 더 큰 특권입니다. 그분의 처소에서 하나님께 가까이 나아가는 제사장의 기쁨은 더 높은 것에 전적으로 종속되었습니다. 그들은 성소를 섬기는 종으로서 그분의 집으로 그분께 속한 것을 가지고 오기 위해서 거기에 있었습니다. 그들이 하나님께 가까이 나아갈 때 기쁨을 찾을 때만 그 봉사가 진정한 축복이 될 수 있었습니다.

봉사는 다음과 같은 것으로 구성되어 있었습니다. 뿌릴 피를 가져 오는 일, 향기로 그 집을 채울 향을 준비하는 일,  더 나아가 하나님의 말씀에 따라 그분의 집에 배열과 관련된 모든 것을 순서대로 배치하는 일 등입니다.

그들은 지극히 높으신 분의 거처를 경비하고, 섬기고, 마련하여 그것이 그분께 가치가 되고 영광이 되고 그 안에서 그분의 큰 기쁨이 성취되어야 하는 것입니다.

예수님의 피가 우리를 가까이 데려 간다면, 그것은 또한 주로 그분의 종으로서 하나님 앞에서 살면서 그 분이 보시기에 아주 만족스러운 희생 제물을 그분께 드려야 합니다.

제사장들은 피를 하나님 앞 성소로 가져 왔습니다. 하나님과 우리의 친교에서 어린 양의 피의 영광스러운 것을 믿는 것보다 그분께  더 기쁨을 가져다 드릴 수 있는 제물은 없습니다. 우리는 아버지의 관심을 피로 향하게 하고 피에 대한 찬양을 하는 겸손한 신뢰 또는 따뜻한 감사를 드리는 모든 행동은 그분에게 만족스러운 것입니다.

거기에 머물면서 친교하는 우리 모두는 하나님 앞에서 시시 각각 피의 영광을 찬송해야 합니다. 제사장들은 하나님의 집을 향기로 채우기 위해서 성소에 향을 가져왔습니다. 하나님의 백성들의 기도는 그분이 그분의 거처에 둘러싸이기를 바라는 몹시 유쾌한 향입니다. 기도의 가치는 단지 우리가 필요로 하는 것을 얻는 수단으로 기도가 존재하는 것이 아닙니다. 아닙니다! 기도는 그보다 더 고귀한 목적이 있습니다. 기도는 그분이 기뻐하시는 하나님의 사역입니다.

피를 통해서 진정으로 하나님께 가까이 나아가기를 즐기는 성도의 삶은 끊임없는 기도의 삶입니다. 깊은 의존감으로 매 순간마다 매 단계마다 은혜를 구하고 바라는 것입니다. 하나님의 친밀하심과 변치 않으시는 선하심에 대한 복된 확신으로 영혼은 모든 약속이 이루어질 것이라는 자신만만한 기도의 확신이 쏟아져 나옵니다. 하나님의 얼굴빛이 주는 기쁨의 한가운데서 기도와 함께 감사와 찬양이 동시에 터져 나옵니다.

이것들은 영적 제물, 즉 하나님의 제사장들의 입술의 제물로서 끊임없이 그분께 드려졌습니다. 그들이 영원히 그분의 면전에서 살고 행하도록 피로 거룩하게 되어 가까이 오게 되었습니다.

그러나 아직도 더 많은 것이 있습니다. 하나님의 집의 직무에서 필요한 모든 것을 깨끗하게 하거나 모든 것을 준비하는 것이 제사장들의 의무였습니다. 이제 새 언약 하에서 직무는 무엇일까요? 신성한 예배를 위한 겉보기나 또는 독특한 준비가 없다는 것을 하나님께 감사하십시오. 아닙니다! 아버지께서 명령하셔서 그분의 면전에서 행하는 사람이 무엇을 하든지, 단지 그것 때문에, 그것이 영적인 제물이 됩니다. 성도들이 행하는 모든 것이, 그가 단지 하나님의 면전에서와 같이 그것을 행하고 봉사로서 하나님께 그것을 드리는 제사장 같은 성향으로 영감 받았다면 그것은 하나님을 아주 기쁘게 해드리는 제사장 같은 제물입니다. "너희가 먹든지 마시든지 무엇을 하든지 다 하나님의 영광을 위하여 하라."(고전 10:31) "또 무엇을 하든지 말에나 일에나 다 주 예수의 이름으로 하고 그를 힘입어 하나님 아버지께 감사하라."(골 3:17) 이런 식으로 우리의 모든 행동이 하나님께 감사의 제물이 됩니다.

항상 하나님과 친교 가운데 보내는 것이 완전한 헌신의 삶의 영광이라는 것을 인식하고 있는 성도들이 얼마나 적습니까!

피의 능력으로 깨끗하게 되고 성화되고 하나님께 가까이 가는 것이 나의 이 세상의 소명과 내 모든 삶이며, 심지어 내가 먹고 마시는 것조차도 영적인 봉사입니다. 나의 일, 나의 사업, 나의 돈, 나의 집, 내가 하는 모든 것이 하나님의 임재로 거룩하게 됩니다. 왜냐하면 내 자신이 그분의 면전에서 행하기 때문입니다. 보잘것없는 세상일도 제사장과 같은 봉사입니다. 왜냐하면 그것은 하나님의 성전의 제사장에 의해서 수행되기 때문입니다.

그러나 이것이 친교의 축복의 영광을 다 써버리지는 않습니다. 제사직의 최고의 축복은 제사장이 하나님 앞에서 다른 사람들의 대표로 여겨진다는 것입니다.

### 3. 다른 사람들을 위해서 축복을 구하는 능력

다른 사람을 위한 그와 같은 최고의 영광의 축복을 얻는 능력은 하나님께 가까이 가는 것입니다.

이스라엘에서 제사장들은 하나님과 백성들 간의 중재자였습니다. 그들은 사람들의 죄와 요구를 하나님 앞으로 가져갔습니다. 그들은 하나님으로부터 죄의 용서를 선포하는 능력과 사람들을 축복하는 권리를 얻었습니다.

이 특권은 이제 새 언약의 제사장 가족으로서 모든 믿는 사람들의 차지입니다. 하나님이 그분의 구속받은 사람들에게 피를 통해서 그분께 접근하도록 허용하셨을 때, 그것은 그분이 그들이 다른 사람들에게 축복이 되도록 그들을 축복하시는 것이었습니다. 제사장의 중재; 약한 사람들에게 필요한 동정이 있을 수 있는 제사장의 마음; 성전에서 하나님의 축복을 얻고 그것을 다른 사람에게 전달하는 제사장의 마음; 이런 것들 가운데 피를 통해서 하나님께 가까이 가는 친교가 그 최고의 능력과 영광을 드러냅니다.

우리는 우리의 제사장의 존엄성을 두 가지 방식으로 행사할 수 있습니다.

(1) 도고를 통해서

도고 사역(중보자는 예수 그리스도를 가리키는 호칭으로 성육신과 십자가의 대속의 죽음으로 이루신 그분의 구속사역과 화해의 행위를 시사한다. 인간은 절대로 중보자가 되지 못한다. 그럼에도 종종 교회안에서, 심지어는 강단에서까지 '중보기도'라는 말을 쓰고 있다. 이는 잘못이다. '중보기도'라는 말 대신에 '이웃을 위한 기도', 혹은 '도고'(禱告-다른 사람을 대신하여 드리는 기도)라는 표현을 쓰는 것이 바람직하다 - 교회용어사전)은 하나님의 자녀의 고귀한 특권 가운데 하나입니다. 그것은 이 사역에서 우리가 세상, 또는 어떤 특정한 사람에게 필요한 것이 있다는 것을 확인한 후 기도로 필요한 공급을 위한 우리의 소원을 하나님께 쏟아부었다는 것을 의미하는 것이 아닙니다. 기도는 좋은 것이고 그 자체로 그것과 함께 축복을 가져옵니다. 그러나 도고의 특별한 사역은 그보다 더 놀라운 것이 있는데 "믿음의 기도"에서 도고의 능력을 알게 됩니다. 이 "믿음의 기도"는 하나님께 우리의 소원을 토로하고 그분께 맡기는 것과 다른 것입니다.

믿음의 참된 기도에 있어서, 도고자는 그분의 약속의 말씀을 사용하기 위해 하나님과 함께 시간을 보내야 하고, 그 약속이 이 특별한 경우에 적용될 수 있는지 아닌지를 성령으로부터 가르침을 받는 것을 스스로 가능하게 해야 합니다. 그는 기도할 대상인 죄와 필요를 스스로 짊어지고, 마치 그것이 자신을 위한 것인 양 그것에 관한 약속을 재빨리 붙잡아야 합니다. 그는 하나님이 성령을 통해서 이 문제에 대한 기도가 받아들여졌다는 믿음을 일깨우실 때까지 하나님의 면전에 머물러 있습니다.

이런 방법으로 부모들은 때때로 그들의 자녀들을 위해서, 사역자들은 그들의 회중을 위해서 하나님의 포도원에서 일하는 사람들은 그들에게 맡겨진 영혼을 위해서 그들의 기도가 받아들여졌다는 것을 알 때까지 기도합니다. 우리에게 하나님께 가까이 가도록 하는 능력으로 기도가 응답될 때까지 기도하도록 그와 같은 놀라운 자유를 주는 것은 피입니다. 아! 만일 우리가 하나님의 면전에서 사는 것이 실제로 무엇을 의미하는지를 더 완전하게 알게 된다면, 우리는 우리의 거룩한 제사장직을 행사할 때 더 많은 능력이 나타나야 합니다.

### (2) 도구를 통해서

더 나아가서 우리의 제사장으로서 도고 사역의 현상은 우리가 도고를 통해서 다른 사람들을 위한 어떤 축복을 얻을 뿐만아니라, 그것이 누군가를 섬기는 도구가 된다는 것입니다. 모든 성도들은 다른 사람들을 대신해서 일하도록 부름을 받고 사랑의 충동이 일어납니다. 그들은 하나님이 다른 사람들을 축복하도록 그를 축복하셨다는 것을 알고 있습니다. 그럼에도 불구하고 불평하는 것이 일반적이어서 성도들은 다른 사람에게 축복을 가져오는 이 일에 필요한 능력이 없습니다. 그들은 그들의 말로 다른 사람보다 영향력을 행사할 수 있는 조건에서는 그렇지 않습니다. 이것은 그들이 성전에서 거하지 않는다면, 당연한 일입니다. 우리는 "그 때에 여호와께서 레위 지파를 구별하여 여호와의 언약궤를 메게 하고 여호와 앞에 서서 그들 섬기며 또 여호와의 이름으로 축복하게 하셨으니 그 일은 오늘까지 이르느니라."(신 10:8)는 말씀을 읽습니다. 제사장의 축복의 능력은 하나님의 면전에서 제사장의 삶에 달려 있습니다. 거기에서 속수무책인 그를 지키는 피의 능력을 경험하는 사람은 피가 다른 사람을 실제로 구원할 수 있다고 믿는 용기를 얻을 것입니다. 피의 능력을 주는 거룩한 생명은 다른 사람을 구속하시기 위해서 자신을 희생 제물로 바치실 때 예수님이 피를 흘리신 것과 같은 기질을 그 사람 안에서 일으킬 것입니다.

하나님과 친교에서 우리의 사랑은 불타오르게 될 것입니다. 하나님의 사랑으로 말미암아 우리를 반드시 사용하실 것이라는 우리의 믿음이 강화될 것입니다. 예수님의 영이 겸손과 지혜와 능력으로 우리가 일을 할 수 있도록 우리를 붙잡으실 것입니다. 우리의 연약함과 부족함이 하나님의 능력이 역사하실 수 있는 그릇이 됩니다. 우리의 말과 본보기에서 축복이 흘러나올 것입니다. 왜냐하면 우리가 완전한 축복이신 그분과 함께 살기 때문입니다. 또한 그분은 사랑하는 자의 축복으로 충만함이 없이는 어느 누구도 가까워지도록 허락하지 않으실 것입니다. 우리를 위해 준비된 삶이 복되고 영광스러운 삶이지 않습니까? 축복의 즐거움; 하나님께 가까이 가는 것, 그분의 집에서 사역을 수행하고, 그분의 축복을 다른 사람들에게 전하는 일: 그러한 삶이 하나님을 위해 너무 높기 때문에 모든 축복이 그분을 위한 것이 아니라고 아무도 생각하지 못하게 합시다. 예수님의 피의 능력으로 우리가 우리 자신을 피에 전적으로 내어 줄 수 있다면, 이 "하나님께 가까이 가는 것"이 또한 우리를 위한 것이라는 확신을 갖게 됩니다. 진정으로 이 축복을 원하는 사람을 위해서 나는 다음 조언을 전합니다.

1) 이것은 다름 아닌 바로 여러분을 위해서 계획되었다는 것을 기억하십시오.

하나님의 자녀인 우리 모두는 피로 가깝게 되었습니다. 우리 모두는 그것의 완전한 경험을 소원할 수 있습니다. 하나님과 친교하는 삶이 나를 위한 것이라는 이것을 단단히 붙잡도록 합시다. 아버지는 그분의 자녀들 가운데 한 사람도 멀리 떨어져 있는 것을 원치 않으십니다. 우리가 이 축복이 없이 산다면 당연히 하나님을 기쁘시게 할 수 없습니다. 우리는 제사장입니다. 제사장으로서 사는 은혜가 우리를 위해서 준비되었습니다. 우리가 우리의 거처인 성전으로 자유롭게 들어가는 것은 우리를 위한 것입니다. 우리는 이 사실을 확신할 수 있습니다. 하나님은 우리의 빛으로 그분의 자녀로서 그분의 거룩한 면전에서 거하도록 우리를 묵게 하십니다. 우리가 이것을 꽉 붙잡도록 합시다.

2) 피의 모든 능력이 모든 그 복된 효력으로 여러분의 소유가 되도록 추구십시오.

친교를 가능하게 하는 것이 피의 능력에 있습니다. 여러분의 마음이 화목의 피의 능력에 대한 믿음으로 채워지도록 하십시오. 죄는 완전히 속죄되어 여러분을 하나님께 가까이 하지 못하게 하는 죄의 권능은 완전하고도 영원히 없어져 버렸습니다. 죄가 전혀 한 순간도 여러분과 하나님을 떼어 놓을 수 없다는 기쁜 고백 가운데서 사십시오. 피로 여러분이 완전히 의롭게 되었고 성소에 들어갈 권리를 주장할 수 있다는 것을 믿으십시오. 피가 또한 여러분을 깨끗하게 하도록 하십시오. 여러분 안에서 여전히 못 떠나는 죄의 오염으로부터 내적인 구원과 뒤 따르는 교제를 기대하십시오. 성경을 읊조리십시오, "하물며 영원하신 성령으로 말미암아 흠 없는 자기를 하나님께 드린 그리스도의 피가 어찌 너희 양심을 죽은 행실에서 깨끗하게 하고 살아계신 하나님을 섬기게 하지 못하겠느냐."(히 9:14) 피가 여러분을 거룩하게 하여 하나님을 위해서 여러분을 전적인 헌신으로 여러분을 구별하여 그분으로 충만하게 합시다. 피의 용서하고 깨끗하게 하고 거룩하게 하는 능력이 여러분에게 자유 통행을 하도록 하십시오. 이것이 어떻게 여러분을 하나님께 자동으로 가까이 오게 하고, 말하자면, 당신을 보호하게 하는지 알게 될 것입니다.

3) 예수님 자신이 여러분이 하나님께 가까이 가도록 하게 하시기 위해서 여러분 안에 피의 능력을 나타내실 것이라는 기대를 하는 것을 두려워하지 마십시오.

피는 하나님과 우리를 연합시키기 위해서 흘렸습니다.

피는 그 일을 성취했으며 여러분 안에서 그 일을 마무리할 것입니다.

피는 하나님이 보시기에 말로 다할 수 없는 효력과 영광이 있습니다.

피로 뿌려진 속죄소는 하나님의 집으로 선택된 곳이며 그분의 은혜의 보좌입니다. 그분은 피의 효력 자체에 전적으로 의존하는 마음으로 기쁨과 사랑과 호의로 다가오십니다.

피는 저항할 수 없는 능력을 가지고 있습니다. 피를 통해서 예수님은 무덤에서 살아나셨고, 하늘로 옮겨지셨습니다. 피는 피의 신성한 생명으로 능력을 줌으로써 하나님의 면전에서 매일 여러분을 보호할 수 있다는 것을 확신하십시오. 피가 귀중하고 모든 능력이 있는 것처럼, 여러분의 신뢰가 변함이 없다면, 또한 절대적으로 확실한 것은 여러분이 하나님과 함께 사는 것입니다. "어린 양의 피에 그 옷을 씻어 희게 하였느니라 그러므로 그들이 하나님의 보좌 앞에 있고 또 그의 성전에서 밤낮 하나님을 섬기매 보좌에 앉으신 이가 그들 위에 장막을 치시리라."(계 7:14-15) 영원한 영광에 관한 그 말씀은 또한 우리의 이 땅의 삶에도 영향을 미칩니다. 피의 능력에 대한 우리의 믿음과 경험이 완전하면 할수록, 친교가 더 가까우면 가까울수록, 보좌 가까이 사는 것이 더 확실하면 할수록, 그분의 성소에서 하나님의 끊임없는 사역의 문이 넓으면 넓을수록, 이 세상에서, 살아계시는 하나님을 섬기는 능력이 커지면 커질수록, 여러분은 여러분 주변에 전파할 제사장의 축복이 더 풍부하게 될 것입니다.

오 주님! 이 말씀이 지금 여기 그리고 이후에 우리의 충만한 능력이 되게 하소서.

# 7 장

## 피로 말미암아 지성소에 거함

"그러므로 형제들아 우리가 예수의 피를 힘입어 성소에 들어갈 담력을 얻었나니 그 길은 우리를 위하여 휘장 가운데로 열어 놓으신 새로운 살 길이요 휘장은 곧 그의 육체니라 또 하나님의 집 다스리는 큰 제사장이 계시매 우리가 마음에 뿌림을 받아 악한 양심으로부터 벗어나고 몸은 맑은 물로 씻음을 받았으니 참 마음과 온전한 마음으로 하나님께 나아가자."(히 10:19-22)

이 말씀에서 우리는 성령께서 히브리인들에게 또한 우리에게 주셨기 때문에 이 서신서의 주요 내용과 하나님의 은혜에 관한 "기쁜 소식"의 요약이 있습니다.

죄 때문에 인간은 낙원에서 추방당하여 하나님의 면전과 하나님과 교제에서 멀리 떨어졌습니다. 그분의 자비로 하나님은 처음부터 파탄난 교제를 회복시키려고 애를 쓰셨습니다.

이 목적을 위해 하나님은 이스라엘 백성들에게 성막의 그림자 모형을 통해서 칸막이 벽이 제거될 때 그분의 백성들이 그분의 면전에서 거할 수 있도록 다가올 어떤 때의 기대를 주셨습니다. "내 영혼이 하나님 곧 살아 계시는 하나님을 갈망하나니 내가 어느 때에 나아가서 하나님의 얼굴을 뵈올까."(시 42:2)라는 말씀은 옛 언약의 성도들의 긴 탄식이었습니다.

그것은 또한 지성소로 들어가는 길이 실제로 열렸다는 것과 하나님의 모든 자녀들은 거기에서 실제적으로 거할 수 있고 당연히 거해야 한다는 것을 알지 못하는 새 언약 아래 있는 많은 하나님의 자녀들의 탄식입니다.

오, 예수님이 완수하신 구속의 충만한 능력을 경험하기를 갈망하는 나의 형제자매들이여, 열린 성소와 우리가 피를 통해서 들어갈 수 있는 자유에 관해서 우리 하나님이 무엇이라 말씀하시는가를 들으러 나와 함께 갑시다.

이 장의 선두에 있는 구절은 하나님과 우리의 교제가 안식

할 수 있는 확실한 근거로서 하나님이 우리를 위해서 준비하신 네 단어를 첫 번째 시리즈로 보여 줍니다. 그 다음에 네 단어의 두 번째 시리즈에서 우리는 우리가 어떻게 그 교제로 들어가서 그 안에서 살 수 있는 준비를 할 수 있는지를 배우게 됩니다.

주의 깊게 본문을 읽으십시오. 그러면 여러분은 "하나님께 나아가자."는 말씀이 본문의 모든 중심이라는 것을 알게 될 것입니다.  이 개요가 도움이 될 수 있습니다.

1. 하나님이 우리를 위해 준비하신 것

(1) 지성소
(2) 예수님의 피
(3) 새로운 살 길
(4) 큰 제사장

2. 하나님이 우리를 위해서 준비하신 것을 위해서 우리를 준비시키시는 방법

(1) 참 마음

(2) 믿음의 완전한 확신

(3) 악한 양심에 뿌림을 받은 마음

(4) 맑은 물로 씻음 받은 몸


이제 이 개요를 보면서 본문을 읽으십시오.


"그러므로 형제들아 우리가 예수의 피를 힘입어 성소에 들어갈 담력을 얻었나니 그 길은 우리를 위하여 휘장 가운데로 열어 놓으신 새로운 살 길이요 휘장은 곧 그의 육체니라 또 하나님의 집 다스리는 큰 제사장이 계시매."(히 10:19-21)


"우리가 마음에 뿌림을 받아 악한 양심으로부터 벗어나고 몸은 맑은 물로 씻음을 받았으니 참 마음과 온전한 마음으로 하나님께 나아가자."(히 10:22)


"참 마음과 온전한 마음으로 하나님께 나아가자."


## 1. 하나님이 우리를 위해서 준비한 것

(1) 거룩한 곳 성소가 있는 지성소

"그러므로 담대함으로 지성소로 들어가자-하나님께 나아가자"

지성소로 우리를 데려가는 것은 예수님의 구속사역의 목적입니다. "지성소"가 무엇인지 모르는 사람은 구속의 완전한 효력을 누릴 수 없습니다.

이 "지성소"가 무엇입니까? "지성소"는 단지 지극히 높으신 하나님이 거하시는 곳입니다. 지성소는 단지 천국만을 언급하는 것이 아니라, 하나님이 임재하시는 영적으로 가장 거룩한 곳을 언급합니다.

옛 언약 아래서 제사장들이 하나님의 면전에서 살면서 그분을 섬겼던 하나님이 거하시는 곳인 물질적인 성소가 있었습니다(히 8:2; 9:1). 새 언약 아래서 어떤 장소에 제한되지 않은 진정한 영적인 성막이 있습니다(요 4:23-25). "지성소"는 하나님이 자신을 드러내 보이시는 곳입니다. "지성소"로 들어가 거기에서 거하며 하나님의 면전에서 종일 생활하는 것은 얼마나 영광스러운 특권입니까! "얼마나 부요한 축복이 거기에 부어지는지요! 지성소"에서 하나님의 은혜와 교제가 즐거워지고, 하나님의 생명과 축복이 경험되고, 하나님의 능력과 기쁨이 발견됩니다. 평생 제사장의 순결과 헌신으로 지성소에서 보내고 거기에서 달콤한 향기의 향이 태워지고 하나님께서 받으실 만한 희생 제물들이 올려집니다. 그것이 기도와 축복의 거룩한 삶입니다.

옛 언약 아래서 모든 것은 물질적이었습니다. 성소 또한 물질적이고 지역적이었습니다. 새 언약 아래서 참된 성소는 성령의 능력으로 그것이 경험되어야 할 의무를 지고 있습니다. 성령을 통해서 "지성소"에서의 실제적인 삶이 가능하고 하나님께서 거기에 나타나신다는 지식이 옛 제사장들의 경우와 같이 확신이 될 수 있습니다. 성령은 예수님이 성취하신 일을 우리의 경험 속에서 실제가 되도록 하십니다.

예수 그리스도를 믿는 성도들이여! 여러분은 "지성소"로 들어가서 거할 자유가 있습니까? 구속받은 사람으로 여러분이 다른 곳이 아닌 여러분의 집을 거기에 짓는 것은 적절한 것입니다. 이는 그리스도께서는 다른 곳에서는 그분의 구속의 충만한 능력을 나타내실 수 없으시기 때문입니다. 그러나 거기에서, 오! 거기에서, 그분은 여러분을 후하게 축복하실 수 있으십니다. 오! 그 다음에 그것을 이해하고 하나님의 목적과 우리 주 예수님의 목적을 또한 여러분의 목적이 되도록 하십시오. "지성소"에 들어가서 "지성소"에서 살고 "지성소"에서 섬기는 것이 우리의 마음의 소원이 될 수 있기를 기원합니다. 우리는 성령께서 자신있게 우리에게 "지성소"로 들어가는 영광의 개념을 주실 것을 기대할 수 있습니다.

## (2) 예수님의 피를 통한 자유

"지성소" 자체처럼 "지성소"에 들어가는 것은 하나님께 속합니다. 하나님은 직접 지성소를 생각하시고, 준비하셨습니다. 우리는 예수님의 피를 통해서 들어갈 자유와 특권과 권리가 있습니다. 예수님의 피는 그처럼 위대한 능력을 발휘하여 피를 통해서 멸망의 자식이 신성한 성소 곧 "지성소"에 들어가는 완전한 자유를 얻을 수 있도록 했습니다. "이제는 전에 멀리 있던 너희가 그리스도 예수 안에서 가까워졌느니라."(엡 2:13)

그러면 피가 어떻게 이 놀라운 능력을 행사할 수 있습니까?

성경은 "육체의 생명은 피에 있음이라 내가 이 피를 너희에게 주어 제단에 뿌려 너희의 생명을 위하여 속죄하게 하였나니 생명이 피에 있으므로 피가 죄를 속하느니라"(레 17:11)고 말씀합니다. 피의 능력은 생명의 가치입니다. 예수님의 피 속에 신성한 생명이 살아 역사합니다. 피는 이미 그분 안에 생명과 전능하고 끊임없는 능력이 있습니다.

그러나 그 능력은 피가 먼저 흘려질 때까지 화목을 위한 행사를 할 수가 없었습니다. 주 예수님은 죽음으로 죄의 형벌을 받으심으로서 죄의 권세를 이기셨고 그것을 무용지물로 만드셨습니다. "죄의 권능은 율법이라"(고전 15:56) 율법을 완전히 성취하심으로서, 그분이 율법의 저주 아래서 그분의 피를 흘리셨을 때, 그분의 피가 죄를 완전히 무력하게 만들었습니다. 따라서 피는 하나님의 아들의 생명이 그 안에 있을 뿐만 아니라, 죄를 위한 속죄로 주어졌기 때문에 자체에 놀라운 능력이 있습니다. 이것이 성경이 피에 대해서 그토록 고귀하게 말씀하는 이유입니다. 영원한 언약의 피를 통해서 하나님은 우리 주 예수님을 죽은 자 가운데서 다시 이끌어 내셨습니다(히 13:20).

그분 자신의 피를 통해서 주님은 "지성소"로 들어가셨습니다.(히 9:12) 피의 능력이 죄와 죽음과 무덤과 그리고 지옥의 권세를 전적으로 파멸시켰습니다. 우리의 보증인이 자유롭게 들어갈 수 있도록 하늘을 열었습니다.

이제 우리 또한 피를 통해서 들어갈 자유가 있습니다. 죄는 하나님께 접촉하는 우리의 자유를 빼앗아 갔지만, 피는 우리에게 이 자유를 완전히 회복시켰습니다. 그 피의 능력을 묵상하고 그것을 확신하는 태도로 자기 것으로 만들기 위해서 시간을 내는 사람은 우리가 이제 하나님과 친교할 수 있는 자유와 단순명쾌한 태도에 대한 놀라운 견해를 얻을 것입니다.

오, 피의 신성하고 놀라운 능력이여! 피를 통해서 우리는 "지성소"로 들어갑니다. 피는 영원히 끊임없이 우리를 위해서 우리 안에서 탄원합니다. 피는 하나님의 시야로부터 그리고 우리의 양심으로부터 죄를 제거했습니다. 매 순간 우리는 통제 받지 않고 완전히 들어갈 권리가 있습니다. 우리는 피를 통해서 하나님과 친교할 수 있습니다.

오, 성령이 피의 충만한 능력을 나타낼 수 있기를 기원합니다! 얼마나 완전히 들어갈 권리인가에 대한 성령의 가르침 아래서 우리는 아버지와 친밀한 교제를 즐길 수 있습니다. 우리의 생명은 피를 통해서 "지성소" 안에 있습니다.

## (3) 새로운 살 길

"그러므로 형제들아 우리가 예수의 피를 힘입어 성소에 들어갈 담력을 얻었나니 그 길은 우리를 위하여 휘장 가운데로 열어 놓으신 새로운 살 길이요 휘장은 곧 그의 육체니라."(히 10:19-20). 피는 우리에게 들어갈 권리를 줍니다. 살아 있고 생명을 주는 길은 능력을 줍니다. 그분이 그분의 육체를 이 방법으로 바치셨다는 것은 이것이 단순히 "그분의 피를 힘입어"라는 같은 생각을 다른 말로 반복하는 것이 아닙니다. 결코 아닙니다.

예수님은 그분의 피를 우리를 위해서 흘리셨습니다. 그 점에서 우리는 그분을 따를 수 없습니다. 그분이 피를 흘리시고 그분의 육체의 휘장이 찢어졌을 때 그분이 걸으셨던 길, 그 길로 우리는 그분을 따라가야만 합니다. 그분이 그 길을 여실 때 행하셨던 것은 우리가 "지성소"로 들어갈 때 이끌고 데리고 가는 살아있는 능력입니다. 우리가 여기서 배워야할 교훈은 이것입니다. 우리가 "지성소"에 들어가는 길은 육체의 찢어진 휘장을 통해서라는 것입니다.

그것은 예수님도 그렇게 하셨습니다. 하나님과 우리를 분리시켰던 휘장은 육체였습니다. 죄는 육체 안에 그것의 권능이 있습니다. 오직 죄의 제거를 통해서만 휘장이 제거될 수 있었습니다. 예수님이 육체로 오셨을 때 오직 죽음으로만 휘장을 찢을 수 있으셨습니다. 그래서 육체와 죄의 권능을 무익하게 만들기 위해서 "그분은 육체를 바쳐서 육체를 죽음에 넘겨주셨습니다." 이것이 그분이 흘리신 피에 그것의 가치와 능력을 준 것입니다.

그리고 이것은 이제 그분의 피를 통해 "지성소"로 들어가기를 원하는 각각의 사람들에게 법으로 남아 있습니다. 반드시 육체의 찢어진 휘장을 통과해야만 합니다. 피는 육체를 찢기를 요구하고, 피는 육체의 찢기를 완수했습니다. 예수님의 피가 강력하게 역사하는 곳에 항상 육체의 죽음이 따릅니다. 육체의 죽음을 모면하려고 하는 사람은 "지성소"에 들어갈 수 없습니다. 육체는 희생시켜서 죽음에 넘겨주어야 합니다. 믿는 사람이 그의 육체의 죄를 깨닫고 육체 안에 있는 모든 것을 죽음에 내 주는 것에 비례하여 그는 피의 능력을 더 잘 알 것입니다. 믿는 사람은 이 일을 자신의 힘으로 하지 않고 예수님이 헌신하신 새로운 살 길에 의해서 나옵니다. 예수님의 생명을 주는 능력은 이런 "방식"으로 역사합니다. 그리스도인들은 예수님과 함께 십자가에 못박혀 죽었습니다. "그리스도의 사람인 그들은 육체를 십자가에 못박았습니다." 우리가 휘장을 통해서 들어와 그리스도와 교제하고 있습니다.

"그리스도께서 우리를 위해서 헌신하신" 생명을 주는 능력으로 가득 찬" 오! 영광스러운 길, "새로운 살길!" 이 쪽으로 우리는 예수님의 피를 통하여 "지성소"로 들어갈 자유가 있습니다. 주 하나님이 우리를 이 "길"을 따라서 찢어진 휘장을 지나서, 육체의 죽음을 통하여 성령의 충만한 생명으로까지 인도하시기를 기원합니다. 그 때 우리는 하나님과 함께 "지성소"의 휘장 안에 있는 우리의 거처를 발견할 것입니다. 육체의 각각의 희생제물이 피를 통해서 게다가 우리를 "지성소"로 인도합니다.

다음 구절을 더 깊이 신중히 비교해 보시기 바랍니다. "그리스도께서 이미 육체로 고난을 당하셨다."(벧전 4:1) "육체로는 죽임을 당하시고 영으로는 살리심을 받으셨다."(벧전 3:18) "

율법이 육신으로 말미암아 연약하여 할 수 없는 그것을 하나님은 하시나니 곧 죄로 말미암아 자기 아들을 죄 있는 육신의 모양으로 보내어 육신에 죄를 정하셨다."(롬 8:3)

### (4) 큰 제사장

"또 하나님의 집 다스리는 큰 제사장이 계시매 우리가 마음에 뿌림을 받아 악한 양심으로부터 벗어나고 몸은 맑은 물로 씻음을 받았으니 참 마음과 온전한 믿음으로 하나님께 나아가자."(히 10:21-22)

하나님을 찬양합시다. 우리는 그 일뿐만 아니라 그리스도의 살아있는 육체가 있습니다. 우리가 "지성소"로 들어갈 때 피와 새로운 살길 뿐만 아니라, 하나님의 집을 다스리는 큰 제사장으로서 예수님 자신이 계십니다.

땅에 있는 성소로 들어갔던 제사장들은 오직 큰 제사장과 그들의 관계 때문에 그렇게 할 수 있었습니다. 오직 아론의 아들들만 제사장이었습니다. 우리는 주 예수님과 우리의 관계 때문에 "지성소"로 들어갑니다. 예수님은 아버지께 "아버지여 내게 주신 자도 나 있는 곳에 나와 함께 있어 아버지께서 창세 전부터 나를 사랑하시므로 내게 주신 나의 영광을 그들로 보게 하시기를 원하옵나이다"라고 말씀하셨습니다.

주님은 큰 제사장이십니다. 히브리서는 그분은 영원히 변치 않는 제사장이시며 제사장으로서 보좌에 앉아계시는 참 멜기세덱이시며 영원한 아들이심을 보여 줍니다. 그분은 우리를 위해서 기도하시기 위해서 항상 거기에 계십니다. 그러므로 그분은 또한 "자기를 힘입어 하나님께 나아가는 자들을 온전히 구원하실 수 있으십니다."(히 7:25) 그분은 크고 전능하신 제사장이십니다.

하나님의 집을 다스리시는 큰 제사장으로 그분은 "'하나님의 집' '지성소'의 전체 사역을 명받으셨습니다. 하나님의 모든 백성은 그분의 돌보심 아래 있습니다. 우리가 "지성소"로 들어가기를 원한다면, 그분이 우리를 받아들여서 아버지께 우리를 드리기 위해서 거기에 계십니다. 그분이 직접 우리 안에 피를 뿌리는 일을 끝내실 것입니다. 피를 통해서 그분은 들어가셨고, 피를 통해서 그분은 또한 우리를 데리고 가실 것입니다. 그분은 우리에게 "지성소"에서 우리의 모든 의무와 거기에서 우리의 친교에 대해서 가르쳐 주실 것입니다. 그분은 우리의 기도, 제물, 우리의 사역의 의무가 아무리 약해도 받아들일 수 있게 하십니다. 더욱이 그분은 "지성소"안에서 우리의 일과 삶을 위해서 우리에게 하늘의 빛과 하늘의 능력을 주십니다. "지성소"의 영과 생명을 주시는 분은 그분이십니다. 그분의 피가 지성소로 들어가는 것을 확보한 것처럼, 그분의 육체의 희생이 살 길입니다. 우리가 들어가서 거기에 계속 머무르면서 항상 하나님을 기쁘시게 처신할 수 있는 것은 그분을 통해서 입니다. 동정어린 큰 제사장으로서 그분은 각 사람, 가장 약한 사람들에게 조차도 몸을 굽히시는 방법을 알고 계십니다. 그렇습니다! 그것이 "지성소"에서 하나님과 친교를 그렇게 매력적으로 만드는 것입니다. 우리는 거기에서 예수님이 "하나님의 집을 다스리는 큰 제사장."이시라는 것을 알게 됩니다.

"지성소"가 우리에게 너무 높거나 너무 거룩한 것처럼 우리에게 보일 때, 피의 능력이 무엇인지를 알 수 없고 어떻게 "새로운 살 길"을 걸어야 하는지를 이해할 수 없을 때, 바로 그때, 우리는 그분이 우리를 가르치시고, 그분이 직접 우리를 "지성소"로 데려오시도록 살아계신 구세주를 바라볼 수 있습니다. 그분은 하나님의 집을 다스리시는 제사장이십니다. 여러분은 단지 그분께 쫙 달라붙어야 합니다. 그러면 여러분은 "지성소"에 있게 될 것입니다.

하나님이 우리를 기다리시는 "지성소"와 우리에게 자유를 주는 피 그리고 우리를 이끄는 새로운 살길 그리고 우리를 도우시는 큰 제사장을 바라보고 하나님께 가까이 다가갑시다. "하나님께 가까이 다가갑시다." 그렇습니다. "하나님께 가까이 다가갑시다." 그렇습니다! "하나님께 가까이 다가갑시다." 하나님이 우리를 위해 마련하신 이 놀라운 축복을 사용하는 것을 아무것도 방해하지 못하게 합시다. 그것은 우리가 예수님의 피로 얻는 우리의 권리, 그분의 발자국으로 그분이 헌신하신 그 길로 우리가 "지성소"로 들어가는 것입니다. 그분은 우리를 "지성소"로 받아들이셔서, 거룩하게 하시고, 지키시고, 축복하시기 위해서 하나님의 영원한 제사장으로 사십니다. 오! 우리가 더 이상 주저하거나 되돌아가지 맙시다. 이 한 가지를 위해서 모든 것을 희생합시다. 예수님의 손에 의해 우리 아버지 앞에 나타난 하나님의 얼굴의 빛으로 우리의 생명을 찾기 위해서 하나님이 우리를 위해서 준비하신 것이 보이는 곳으로 "가까이 다가갑시다."

이제 어떻게 들어갈 준비를 해야 하는가를 알고 싶습니까? 우리의 본문은 이 질문에 대한 영광스러운 대답을 줍니다.

## 2. 우리가 준비하는 방법

"하나님께 가까이 다가갑시다."

### (1) 참 마음

이것은 "하나님께 가까이 다가가고자" 하는 믿는 사람들에게 주어진 네 가지 요구 중 첫 번째 것입니다. 그것은 "믿음의 온전한 확신"과 결합되어 있으며, 그것은 우리가 "참 마음"이 무엇을 의미하느냐를 제대로 이해하도록 두 번째와 연결되어 있습니다.

복음 설교는 항상 회개와 믿음으로 시작합니다. 그와 동시에 죄를 버리지 않는다면 사람은 믿음으로 하나님의 은혜를 받을 수 없습니다. 믿음 생활의 과정에서 이 법은 항상 구속력이 있습니다. 믿음의 온전한 확신은 하나님께 전적으로 정직하며 그분께 전적으로 내 드리는 마음, 즉 "참 마음"없이는 얻을 수 없습니다. "지성소"는 진정으로 그것이 고백하고자 하는 마음 즉 "참 마음" 없이 들어 갈 수 없습니다.

"참 마음으로 가까이 다가갑시다." 즉 "지성소"에서 거하기 위해 모든 것을 포기하는 마음, 하나님을 붙들기 위해서 모든 것을 포기하는 마음. 피의 권위와 능력에 자기 자신을 넘겨주기 위해서 참으로 모든 것을 포기하는 마음. 육체를 찢어 그리스도와 함께 휘장을 통해서 들어가기 위해서 진정으로 "새로운 살길"을 선택하는 마음. 예수님의 내주하심과 통치에 진정으로 전적으로 그 자신을 내주는 마음으로 가까이 다가갑시다.

"참 마음으로 가까이 다가갑시다." 참 마음 없이는 "지성소"로 들어갈 수는 없습니다.

그러나 참 마음을 가진 사람은 누구입니까? 하나님이 주신 새 마음이 참 마음입니다. 그것을 인정하십시오. 하나님의 성령의 능력으로 새 마음에 거하는 사람은 여전히 여러분의 육체 속에 있는 죄에 맞서 여러분의 의지를 발휘해서 하나님 편에 자신을 맡깁니다. 그분 앞에 모든 죄와 여러분의 자아 생명의 모든 것을 아뢰고 던져버리고 그분을 따르기 위해서 모든 것을 버리겠다는 것을 대제사장이신 주 예수님께 말씀드리십시오.

그리고 당신이 아직 의식하지 못하고 있는 당신의 육체에 깊이 숨겨진 죄와 당신의 마음의 악의에 관련하여도 규정이 마련되어 있습니다. "하나님이여 나를 살피사 내 마음을 아시며 나를 시험하사 내 뜻을 아옵소서."(시 139:23) 마음을 알아보시는 성령의 빛에 지속적으로 복종하십시오. 그분은 여러분에게서 숨겨진 것을 밝혀내실 것입니다. 이렇게 하는 사람은 "지성소"로 들어갈 참 마음이 있습니다.

우리가 참 마음으로 가까이 다가가기 위해서 하나님께 말씀드리는 것을 두려워하지 맙시다. 하나님은 우리가 행하는 일의 완전함에 따라서가 아니라, 우리가 죄로 알려진 모든 것을 제쳐놓기 위해서 자신을 포기하고 모든 우리의 숨겨진 죄에 대해서 성령의 유죄 판결을 받아들이는 솔직함에 따라 우리를 판단하실 것이라는 것을 확신합시다. 이렇게 정직하게 행하는 마음이 하나님이 보시기에 참 마음입니다. "지성소"는 보혈을 통해서 참 마음으로 다가가게 되어 있습니다. 하나님을 찬양하십시오! 그분의 성령을 통해서 우리는 참 마음을 가지고 있습습니다.

## (2) 믿음의 완전한 확신

우리는 하나님이 사람을 대하시는데 있어서 믿음이 어떤 위치를 차지하는지를 알고 있습니다. "믿음이 없이는 하나님을 기쁘시게 하지 못하나니"(히 11:6) 여기 "지성소"로 들어가는 입구에서 모든 것은 "완전한 믿음의 확신"에 달려있습니다.

우리가 하나님과 함께 거처하고 동행할 수 있는 성소가 있고, 보배로운 피의 능력이 죄를 너무나 완벽하게 정복하여 하나님과의 방해받지 않는 것을 막을 수 없고, 예수님이 육체를 통해 거룩하게 하신 길이 살아 있는 길이며, 영원한 살아있는 능력으로 그 위에 발을 디딘 사람들을 통과시킨다는 것, 하나님의 집에 계시는 큰 제사장이 그분을 통해 하나님께 오는 사람들을 구원하실 수 있다는 것, 그분이 그분의 성령으로 "지성소"에서의 삶을 위해서 필요한 모든 것을 위해 우리 안에서 일하신다는 "믿음의 완전한 확신"이 있어야 합니다. 이런 것들을 우리는 믿고 "믿음의 완전한 확신"을 굳게 유지해야 합니다.

그러나 우리가 어떻게 거기에 도달 할 수 있습니까? 어떻게 나의 믿음이 이 완전한 확신으로까지 성장할 수 있습니까? "믿음의 완성자이신 예수님과 교제함"으로(히 12:2) 하나님의 집을 다스리시는 큰 제사장으로 그분은 우리로 하여금 적절한 믿음을 갖도록 하십니다. 그분과 그분의 놀라운 사랑, 그분의 완전하신 일, 그분의 보배롭고 모든 능력이 있는 보혈을 주시함으로, 믿음이 유지되고 강하게 됩니다. 하나님은 그분에게 믿음을 일깨우도록 하셨습니다. 우리의 믿음을 그분께 고정시키면 믿음과 믿음에 대한 완전한 확신이 우리의 것이 됩니다.

하나님의 말씀을 받아들일 때 "믿음은 들음에서 나고 들음은 그리스도의 말씀으로 말미암았느니라."는 말씀을 기억하십시오.(롬10:17) 믿음은 말씀으로 말미암고 말씀으로 성장합니다. 그러나 문자로서의 말씀이 아니라, 예수님의 음성으로서의 말씀입니다. "내가 너희에게 이른 말이 영이요 생명이니라"(요 6:63). "하나님의 약속은 얼마든지 그리스도 안에서 예가 되니 그런즉 그로 말미암아 우리가 아멘 하여 하나님께 영광을 돌리게 되느니라"(고후 1:20) 하나님의 말씀을 묵상하고 말씀을 여러분의 마음속에 간직할 짬을 내십시오. 그러나 항상 마음을 예수님 자신께 고정하십시오. 구원하는 것은 예수님을 믿는 믿음입니다. 기도로 예수님께 이끌려 그분과 이야기를 나누는 말씀은 효력이 있는 말씀입니다. "무릇 있는 자는 받아 넉넉하게 되되 없는 자는 그 있는 것도 빼앗기리라"(마 13:12)는 말씀을 기억하십시오.

그분께서 주신 말씀을 기억하십시오. 여러분이 가지고 있는 믿음을 활용하십시오. 믿음을 행사하십시오. 믿음을 선언하십시오. 하나님을 신뢰하는 여러분의 믿음이 여러분의 삶의 주된 일이 되도록 하십시오. 하나님은 그분을 믿는 자녀를 갖기를 원하십니다. 그분은 믿음만큼 바라시는 것은 아무것도 없으십니다. 기도할 때마다 말씀드리는 것이 익숙해지도록 하십시오. "주여, 나는 이것을 얻을 것이라는 것을 믿습니다." 여러분이 성경의 각각의 약속을 읽을 때, "주여, 나는 주님이 내 안에서 이 약속의 말씀을 성취하실 것을 믿습니다."라고 말씀드리십시오. 하루 종일 하나님의 인도하심에 대한 신뢰를 행사하는 것, 그렇습니다, 모든 것이 여러분의 거룩한 습관이 되도록 하십시오. "지성소"로 들어가려면 "믿음의 완전한 확신"이 필요합니다. "믿음의 완전한 확신으로 하나님께 가까이 다가갑시다." 피를 통한 구원은 이와 같이 완전하고 능력이 있습니다. 예수님의 사랑과 은혜가 그토록 넘쳐흐릅니다. "지성소"에 거처하는 축복은 우리에게 그토록 확실하고 우리가 도달할 수 있는 곳에 있습니다. "믿음의 완전한 확신으로 가까이 다가갑시다."

## (3) 씻겨진 마음

우리의 마음이 악한 양심으로부터 깨끗하게 되었으므로 하나님께 가까이 다가갑시다.

마음은 인간의 생명의 중심입니다. 양심은 거기에다가 마음의 중심입니다. 그의 양심으로 인간은 하나님과 자신의 관계를 깨닫습니다. 악한 양심은 모든 것이 하나님과 자신 사이에 옳지 않다고 말하고, 단지 죄를 저지른 것이 아니라, 벌을 받아서 하나님과 멀어지게 되었다고 말합니다. 선하거나 깨끗한 양심은 그가 하나님을 기쁘시게 한다는 것을 증언합니다.(히 11:5) 선하거나 깨끗한 양심은 그의 죄가 용서를 받았을 뿐만 아니라, 그의 마음이 하나님 앞에서 진실하다는 것을 증언합니다. "지성소"에 들어가기를 원하는 사람은 반드시 그의 마음을 악한 양심으로부터 깨끗이 씻어내야 합니다. 효력이 있는 것은 피를 뿌리는 것입니다. 그리스도의 피가 살아계신 하나님을 섬기도록 여러분의 양심을 깨끗하게 할 것입니다.

우리는 이미 "지성소"에 들어가는 것은 피로 말미암고 피로 예수님이 아버지께로 들어가시는 것을 보았습니다. 그러나 그것은 충분하지 않습니다. 두 가지 뿌림이 있습니다. 그것은 하나님께 가까이 가는 제사장들은 하나님 앞에서 제단에 피 뿌림을 통해서 화해했을 뿐 아니라, 바로 그 사람들도 피로 뿌림을 받아야만 했습니다. 성령께서 예수님의 피를 우리의 양심에 직접 접촉하게 하시도록 해서 우리의 마음이 악한 양심으로부터 깨끗하게 되어야 합니다.

피는 모든 자책을 제거합니다. 피는 양심을 깨끗하게 합니다. 그때 양심은 죄책의 제거가 완전히 끝났기 때문에 더 이상 하나님과 우리 사이에는 분리가 없다는 것을 증언합니다. 양심은 우리가 하나님을 기쁘시게 한다는 것과 우리의 마음이 깨끗하게 되었다는 것 그리고 우리가 피 뿌림을 통해서 하나님과 진정으로 살아 있는 교제 가운데 있다는 것을 증언합니다. 그렇습니다. 예수 그리스도의 피는 모든 죄로부터 죄책뿐만 아니라, 죄의 얼룩으로부터 우리를 깨끗하게 합니다.

피의 능력을 통해 우리의 타락한 본성이 힘을 발휘하지 못하게 되는데, 마치 부드러운 분무기를 통해서 부려지는 분수가 잔디를 깨끗하게 하고, 그렇지 않으면 먼지로 뒤덮일 것을 신선한 녹색으로 그것을 유지시켜 주는 것처럼, 피는 영혼을 깨끗하게 유지하기 위해 끊임없는 효력을 발휘합니다. 피의 완전한 능력아래 사는 양심은 깨끗한 마음이며, 죄의식으로부터 깨끗하게 되어서 완전한 자유로 "가까이 나아갈" 준비가 되어 있습니다. 온 마음, 내면 전체가 신성한 효력으로 깨끗하게 되었습니다.

"우리의 악한 양심이 뿌림을 받았음으로 가까이 나아갑시다." "온전한 확신으로" 우리의 마음이 깨끗하게 되었다는 것을 믿읍시다. 피가 우리를 깨끗하게 한다는 것을 하나님께 고백함으로 피를 크게 존중합시다. 큰 제사장은 성령으로 말미암아 "마음이 피로 깨끗하게 되었다는 것"과 거룩한 곳으로 들어가는 문이 피를 통해서 준비되었다는 것과 그리고 더 나아가 우리의 마음이 피를 통해서 문으로 들어갈 준비되었다는 말씀의 완전한 의미와 능력을 이해시키실 것입니다. 오! 우리의 마음이 씻음을 받고 깨끗하게 되어 그 후에 "지성소"로 들어가서 사는 것 얼마나 영광스러운 일입니까!

(4) 씻음 받은 몸

"몸은 맑은 물로 씻음을 받았으니 하나님께 나아갑시다."(

히 10:22)

우리는 보이는 세계와 보이지 않는 두 세계에 속해 있습니다. 우리에게는 우리를 하나님과 접촉하게 하는 내면의 숨겨진 생명이 있습니다. 또한 우리는 사람들과 관계를 맺고 있는 외면의 몸이 있습니다. 이 말이 몸을 가리킨다며, 그것은 모든 활동과 함께 몸 전체의 생명을 지칭합니다.

마음은 피로 뿌려져야 하고 몸은 깨끗한 물로 씻어야 합니다. 제사장들이 위임을 받을 때, 그들은 물로 씻겨 졌을 뿐만 아니라, 피로 뿌려졌습니다.(출 29:4, 20, 21) 그런데 만약 그들이 성소 들어간다면, 피가 있는 제단이 있었을 뿐만 아니라, 물이 있는 놋대야가 있었습니다. 그와 같이 또한 그리스도께서도 물과 피로 오셨습니다.(요일 5:6) 그분은 물로 세례를 받으셨고 나중에 피로 세례를 받으셨습니다.(눅 12:50)

우리에게는 또한 물과 피로 씻어 깨끗하게 하는 것이 두 가지가 있습니다. 물로 세례를 베푸는 것은 죄를 버리고 세례를 받고 여러분의 죄를 씻어버리기 위한 회개에 이릅니다. "세례를 받고 너의 죄를 씻으라."(행 22:16) 피는 마음, 속사람을 씻는 반면, 세례는 모든 눈에 보이는 삶을 살면서 죄와 분리하기 위해서 몸을 복종시키는 것입니다.

　"우리가 마음에 뿌림을 받아 악한 양심으로부터 벗어나고 몸은 맑은 물로 씻음을 받았으니 참 마음과 온전한 믿음으로 하나님께 나아갑시다."(히 10:22) 내면을 깨끗하게 하는 피의 능력은 우리가 또한 몸의 모든 더러운 것에서 우리 자신을 깨끗하게 하지 않으면 경험할 수 없습니다. 피를 뿌림으로서 깨끗하게 하는 신성한 일과 죄를 버리고 깨끗하게 하는 인간의 일은 분리될 수 없습니다.

　우리는 "지성소"로 들어가려면 깨끗해야 합니다. 여러분이 씻지 않고 더러운 상태로 왕 앞에 결코 들어갈 꿈을 꿀 수 없는 것처럼, 여러분이 모든 죄에서 깨끗하지 않으면, 하나님의 존전인 성소로 들어갈 수 있다는 것은 상상할 수도 없습니다. 모든 죄를 깨끗하게 하는 그리스도의 피로, 하나님은 여러분 자신을 깨끗하게 하는 능력을 여러분에게 주셨습니다. "지성소"에서 하나님과 함께 살고 싶은 여러분의 열망은 항상 아주 작은 죄조차도 버리고 가장 조심스럽게 하나님과 연합을 해야만 합니다. 부정(不淨)한 사람은 "지성소"에 들어갈 수 없습니다.

하나님을 찬양하십시오. 그분은 우리를 거기에 두고 싶어 하십니다. 그분의 제사장들로서 우리는 거기서 그분의 사역을 해야 합니다. 그분은 우리가 "지성소"의 축복을 누릴 수 있도록 정결하기를 원하십니다. 즉, 그것은 그분의 거룩한 교제입니다. 그리고 그분은 피를 통해 그것을 처리하셨습니다. 그리고 우리는 성령을 통해서 깨끗해 질 수 있습니다.

"우리가 마음에 뿌림을 받아 악한 양심으로부터 벗어나고 몸은 맑은 물로 씻음을 받았으니 참마음과 온전한 믿음으로 하나님께 나아갑시다."(히 10:22)

"하나님께 나아갑시다."

"지성소"는 참으로 아직도 그분께로 돌아서지 않은 우리의 회중들에게 조차도 열려있습니다. 그들에게 성소 또한 열려있습니다. 보배로운 피, 살 길 그리고 큰 제사장도 그들을 위해 있습니다. 큰 확신으로 우리는 그들조차 감히 "하나님께 나아갑시다."라고 초청합니다. 오! 여전히 하나님께 멀리 있는 나의 친구들을 경멸하지 맙시다. 오! 하나님의 놀라운 은혜를 더 이상 경멸하지 맙시다. 그분의 아들의 피를 희생시켜 "지성소"

로 여러분을 위한 길을 여시고 그분이 사시는 곳으로 다시 그
분의 자녀로 받아들이기 위해서 이 초청장을 진정으로 여러분
에게 보내셔서 아버지께 나아오도록 하시고 사랑으로 기다리
시는 하나님의 놀라운 은혜를 더 이상 경멸하지 맙시다. 오! 여
러분에게 간청합니다. 우리 모두 하나님께 나아갑시다. 하나님
의 집을 다스리시는 예수 그리스도 큰 제사장은 절대적인 구세
주이십니다.

"하나님께 나아갑시다."

"하나님께 나아갑시다." 초청장은 특히 모든 성도들에게 옵
니다. 입구에 서 있는 것을 만족하지 마십시오. 여러분의 죄가
용서받았다는 소망을 품는 것만으로 충분하지 않습니다. "하나
님께 나아갑시다." "휘장 속으로 들어갑시다." 우리의 영으로
정말 우리 하나님께 가까이 다가가도록 합시다. 하나님께 가까
이 나와 살며 그 거룩한 면전에 전적으로 우리의 거처를 정합
시다. "하나님께 나아갑시다." 우리의 거처는 가장 안쪽에 있
는 지성소입니다.

"참 마음과 온전한 믿음으로 하나님께 나아갑시다." 자신을

진정으로 온전히 하나님께 드린 사람은 성령을 통해서 말씀이 약속한 모든 것을 자유롭게 기꺼이 스스로 받아들이는 믿음의 온전한 확신을 경험할 것입니다. 우리의 약한 믿음은 우리의 마음의 이중성에서 비롯됩니다. 축복이 우리 것이라는 "온전한 확신과 참 마음으로 나갑시다." 피가 완전하게 죄를 속죄하고 정복했기 때문에 아무것도 하나님께 자유롭게 들어가는 그리스도인을 저지할 수 없습니다.

"우리가 마음에 뿌림을 받아 악한 양심으로부터 벗어나고 몸은 맑은 물로 씻음을 받았으니 참마음과 온전한 믿음으로 하나님께 나아갑시다."(히 10:22) 피의 온전한 능력에 대한 믿음을 우리의 마음에 받아들이고, 성소의 깨끗함과 일치하지 않은 모든 것을 버립시다. 그렇다면 우리는 자신이 "지성소"에 있는 집에 있다는 것을 매일 더 느끼기 시작합니다. 우리의 생명이신 그리스도 안에, 우리는 또한 거기에 있습니다. 게다가 우리는 "지성소"안에서 우리의 모든 일을 수행하는 법을 배웁니다. 우리가 하는 모든 일은 예수 그리스도 안에서 하나님을 기쁘시게 하는 영적인 희생입니다. 형제들이여, 하나님이 "지성소"에서 우리를 기다리실 때 "가까이 다가갑시다."

"하나님께 나아갑시다."

그 부르심에는 기도에 대한 특별한 언급이 있습니다. 제사장으로서 우리가 항상 "지성소"에 있는 것은 아니라 할지라도, 영혼이 그분만 교류하기 위하여 전적으로 하나님께 나아갈 때, 더 즉각적인 교제의 순간이 있습니다. 아아! 우리의 기도는 너무나도 자주 멀리서 하나님을 큰 소리로 부릅니다. 그 결과 기도에 거의 능력이 없습니다. 우리가 먼저 기도할 때마다 "지성소" 안에 있다는 것을 보도록 합시다. 우리의 양심이 악한 양심으로부터 완전히 뿌림을 받아 침묵의 믿음으로 피의 완전한 효력을 자기 것으로 하고, 하나님과 우리를 분리하는 죄를 완전히 제거합시다. 그렇습니다! 우리가 지금 "내가 피를 통해서 "지성소"있다는 것을 알 때 까지 시간을 내어 기도합시다. 그러면 우리는 우리의 염원과 소원을 이것이 받아들이실 수 있는 향이라는 확신을 가지고 아버지 앞에 내려 놓을 수 있습니다. 기도는 진정으로 하나님께 가까이 가서 그분과 내적인 교제를 행사하는 것입니다. 그러면, 우리는 우리의 제사장의 중재의 일을 수행하고 다른 사람들의 축복을 위해서 기도할 용기와 능력을 갖게 됩니다.

형제들이여, "가까이 다가갑시다." 우리 자신을 위해서, 다른 사람을 위해서, 서로를 위해서, 모든 사람을 위해서 기도합시다. 우리 하나님의 면전 어디에서나 우리가 함께 수행할 수 있도록 "지성소"가 우리의 확고한 거처가 되도록 합시다. 이것이 피로 "지성소"에서 시작되는 능력에서 능력으로, 영광에서 영광으로, 항상 우리에게 생명의 샘이 되도록 합시다. 아멘.

# 8 장

## 피 속에서 삶

"예수께서 이르시되 내가 진실로 진실로 너희에게 이르노니 인자의 살을 먹지 아니하고 인자의 피를 마시지 아니하면 너희 속에 생명이 없느니라 내 살을 먹고 내 피를 마시는 자는 영생을 가졌고 마지막 날에 내가 그를 다시 살리리니 내 살은 참된 양식이요 내 피는 참된 음료로다 내 살을 먹고 내 피를 마시는 자는 내 안에 거하고 나도 그의 안에 거하니라."(요 6:53-56)

"우리가 축복하는 바 축복의 잔은 그리스도의 피에 참여함이 아니며 우리가 떼는 떡은 그리스도의 몸에 참여함이 아니냐." (고전 10:16)

주 예수님의 피를 마시는 것은 이 말씀으로 우리 앞에 제기했던 주제입니다. 물이 이중적인 효력이 있는 것처럼, 이 거룩한 피 또한 마찬가지입니다.

물이 피를 씻기 위해서 사용될 때, 깨끗해집니다. 그러나 만일 우리가 피를 마시면, 우리는 새롭게 되고 소생됩니다. 예수님의 피의 능력을 온전히 알기를 원하는 사람은 피를 마시는 축복이 무엇인지를 그분께 배워야 합니다. 모든 사람은 씻는 것과 마시는 것의 차이를 알고 있습니다. 물이 씻기 위해서 사용될 때, 그것이 깨끗하게 하지만, 그것을 마시는 것이 훨씬 더 필요하고 생기를 되찾게 합니다. 당연히 우리가 물로 씻지 않고 사는 것이 있을 수 없는 것처럼, 우리는 마시지 않고 결코 살 수 없습니다. 생명을 유지시키는 물의 능력을 전폭적으로 즐기는 것은 오직 마시는 것입니다.

하나님의 아들의 피를 마시지 않고, 피를 많이 충당하지 않고 생명을 얻을 수 없습니다. 대부분의 사람들에게 "인자의 피를 마신다."는 구절은 불쾌한 것입니다. 그러나 그것은 유대인들에게는 훨씬 더 무례한 것이었습니다. 이는 피를 사용하는 것은 엄한 처벌을 받는 모세의 율법에 따라 금지되어 있기 때문입니다. 예수님이 "그분의 피를 마시는 것"에 대해서 말씀하셨을 때, 그것은 당연히 유대인들을 불쾌하게 했습니다. 그러나 그것은 그들의 종교적인 정서에 입에 담기도 싫은 모욕이었습니다. 우리는 확신할 수 있습니다. 우리 주님은 피로 말미암은 가장 깊고도 영광스러운 구원에 관한 진리를  다른 방법으로 명백하게 하실 수 있으셨더라면, 유대인들에게 또한 우리에게 그 구절을 사용하지 않으셨을 것입니다.

"우리 주님의 피를 마시라."고 여기에서 말씀한 구원의 참여자가 되기를 추구하면서 다음 주제를 이해하기 위해서 노력합시다.

1. "피를 마시는 것"으로 말하는 축복은 무엇인가?
2. 이 축복이 어떻게 우리 안에서 역사하는가?
3. "마시는 것"에 대한 우리의 태도는 어떠해야 하는가?

## 1. "피를 마시는 것"으로 말하는 축복은 무엇인가?

우리는 마시는 것이 씻는 것보다 물과 훨씬 더 친밀한 관계를 표현하고, 더 강력한 결과를 만들어내는 것을 보았습니다. 씻음과 성화보다 훨씬 더 멀리 나가는 예수님의 피와 교제에 축복이 있습니다. 또는 오히려 우리는 이 구절이 나타내는 축복의 영향이 어디까지 미치는지 알 수 있습니다.

피는 우리를 하나님과 새로운 관계를 맺게 함으로써 우리를 위해서 무엇인가를 해야 할 뿐만 아니라, 우리를 완전히 새롭게 하는 무엇인가를 우리 안에서 해야 합니다. 그분이 "인자의 살을 먹지 아니하고 인자의 피를 마시지 아니하면 너희 속에 생명이 없느니라."라고 말씀하실 때, 주 예수님의 말씀이 우리의 관심을 끄는 것은 이 때문입니다. 우리 주님은 두 종류의 생명을 구분하십니다. 유대인들은 거기 그분의 존전에서 본래의 육체와 영혼이 있었습니다. 그들 가운데 많은 사람들은 독실하고 선의의 사람들이었습니다. 그러나 주님은 그들이 "그분의 몸을 먹고 피를 마시지 않는다면." 그들은 그들에게 생명이 없다고 말씀하셨습니다. 그들은 그분이 가지고 계시고 그분이 주실 수 있는 다른 생명, 새로운 하늘의 생명이 필요했습니다. 모든 생명체는 그 자체 외부에서 영양분을 얻어야만 합니다. 선천적인 생명은 당연히 빵과 물로 영양을 받습니다. 하늘의 생명은 예수님 자신에 의해 하늘의 음식과 음료에 의해 영양을 받아야만 합니다. "인자의 살을 먹지 아니하고 인자의 피를 마시지 아니하면 너희 속에 생명이 없느니라." 그야말로 그분의 생명 즉 인자로서 그분이 세상에 사셨던 생명이 우리의 것이 되어야 합니다.

우리 주님은 이 말씀을 다음의 말씀에서 계속해서 더 강하게 강조하십니다. 그 말씀에서 그 생명의 본질이 무엇이냐를 다시 설명하셨습니다. "내 살을 먹고 내 피를 마시는 자는 영생을 가졌고 마지막 날에 내가 그를 다시 살리리라." 영생은 하나님의 생명입니다. 우리 주님은 우선 영원한 생명과 육체를 드러내시고 육체 가운데 있는 우리에게 영원한 생명을 전달하기 위해서 세상에 오셨습니다. 그분 안에서 우리는 하늘로 올리우신 육체의 몸에 영원한 생명이 그 신성한 능력 안에 내주하는 것을 보았습니다. 그분은 우리에게 그분의 살을 먹고 그분의 피를 마시고, 그들의 생명을 유지하는 것으로서 그분의 몸에 참여하는 사람은 역시 영원한 생명의 능력을 그들 자신의 몸에 경험할 것이라고 말씀하셨습니다. "마지막 날에 내가 그를 다시 살리리라." 그리스도 안에 있는 영원한 생명의 불가사의는 그것이 인간의 몸 안에 영원한 생명이라는 것입니다. 우리는 그 몸의 참여자, 적어도 그분의 영의 활동에 참여자가 되어야 합니다. 그러면 또한 그 생명을 소유한 우리의 몸은 어느 날 죽은 자 가운데서 부활할 것입니다.

우리 주님은 "내 살은 참된 양식이요 내 피는 참된 음료로다."라고 말씀하셨습니다. "나는 참(참된) 포도나무요." 여기서 "참된"으로 번역된 말은 그분이 참 포도나무에 대한 비유를 말쓸하실 때 사용하셨던 것과 동일합니다. 예를 들면 단지 상징적인 것과 실제적인 진리의 차이를 가리킵니다. 땅의 양식은 진짜양식이 아닙니다. 이는 그것은 실제의 생명을 주지 못하기 때문입니다. 유일한 참된 양식은 그림자처럼 실제적인 의미가 없거나 단지 상징적인 방식이 아닌 생명을 주고 유지시키는 주 예수그리스도의 몸과 피입니다. 아니, 이 말이 그렇게 자주 반복되는 것은 실제적인 의미에서 주 예수 그리스도의 몸과 피가 우리안에 영생에 영양을 공급하고 유지하는 음식임을 나타냅니다. "내 살은 참된 양식이요 내 피는 참된 음료로다."

이 양식의 실체와 능력을 언급하시기 위해서 우리 주님은 "내 살을 먹고 내 피를 마시는 자는 내 안에 거하고 나도 그의 안에 거하느니라."는 말씀을 덧붙이셨습니다. 그분의 몸과 피에의한 자양분은 그분과 가장 완전한 연합을 가져옵니다. 이것이그분의 몸과 피가 앞에 이미 언급한 영생의 능력이 있는 근거입니다. 우리 주님은 여기에서 그분을 믿는 사람은 그들의 마음에 그분으로부터 확실한 관계를 경험할 뿐만 아니라, 그분과가장 친밀하고 지속되는 연합을 하게 된다는 것을 선언하십니다. "내 살을 먹고 내 피를 마시는 자는 내 안에 거하고 나도 그의 안에 거하느니라."

이것은 인자의 피를 마시는 축복입니다. 즉 그분과 하나 되는 것, 그분 안에 있는 신성한 본성에 참여하게 되는 것입니다. 이 연합이 얼마나 실제적인지는 다음의 말씀에서 볼 수 있습니다. "내가 아버지로 말미암아 사는 것 같이 나를 먹는 그 사람도 나로 말미암아 살리라."(요 6:57) 우리 주님과 아버지 사이에 존재하는 연합을 아무것도 우리 주님과 아버지 간에 존재하는 연합을 막거나 그분과 우리의 연합의 모본의 역할을 할 수도 없습니다. 나눌 수 없는 신성의 본성의 두 위격이 참으로 하나인 것처럼, 사람 역시 예수님과 하나가 됩니다. 연합은 단지 이 차이로 신성의 본성 안에 그것이 실제하는 것처럼 사람의 본성이 몸과 별개로 존재할 수 없기 때문에 이 연합은 몸도 포함합니다.

우리 주님은 사람의 몸을 취한 몸을 준비하셨습니다. 이 몸은 예수님의 피로 말미암아 영원한 생명과 우리 주님 자신의 생명의 분배자가 되었습니다. 이 축복을 충만하게 받기를 원하는 사람은 성경이 "그리스도의 피를 마시라."는 거룩하고 신비한 표현에서 그들에게 제공하는 모든 것을 누리기 위해서 주의를 기울여야 합니다.

우리는 이제 이 축복이 우리 안에서 어떻게 역사하는 가를 알아보도록 합시다.

## 2. 이 축복이 어떻게 우리 안에서 역사하는가?

이 축복이 우리 안에서 어떻게 역사하는가? 또는 예수님의 피를 마시는 것이 실제로 무엇을 의미하는가?

여기에서 그 자체를 보여 주는 첫 번째 견해는 "마시는 것"이 우리가 피의 능력에 관해서 이해하는 모든 것을 믿음으로 우리의 영안에 깊고 확실하게 소유하는 것을 나타낸다는 것입니다.

우리는 때때로 우리가 진심으로 말을 듣고 받아들일 때, 연설자의 말을 "마신다."고 말합니다. 그렇게 누군가의 마음이 피의 귀중함과 능력의 감각으로 가득 찰 때, 그가 진정한 기쁨으로 그것에 넋을 잃을 때, 그가 전폭적인 믿음으로 자신을 위해 그것을 받아들이고, 그 피의 생명을 주는 능력을 그의 속사람에서 확신을 하려고 할 때, 그때에 그는 "예수님의 피를 마신다."고 올바르게 말할 수 있습니다. 그 모든 믿음이 그가 그의 영혼의 깊숙한 곳으로 흡수하는 피로 인한 구속과 정결함과 성화를 그에게 볼 수 있게 합니다.

이 표현에는 깊은 진리가 있습니다. 그것은 피로 충만한 축복을 얻을 수 있는 방법에 대한 아주 영광스러운 실증을 제공합니다. 그러나 우리 주님이 "그분의 몸을 먹고 그분의 피를 마시는 것."에 관한 표현을 반복적으로 사용하심으로서 이것보다 더 많은 것을 의도하셨다는 것은 확실합니다. 더 나아가 이 진리가 무엇인가는 주님의 만찬의 제정에 의해서 분명하게 드러납니다. 왜냐하면 우리 구세주께서는 그분이 가버나움에서 가르치셨을 때, 그 만찬 문제를 실제로 다루지는 않으셨지만, 그럼에도 불구하고 그분은 나중에 만찬에서 명백하게 확인되었던 그 문제에 관해서 말씀하셨습니다. 개혁교회에서는 성만찬을 보는 두 가지 관점이 있습니다. 개혁자 츠빙글리(Zwingli)라고 부르는 사람에 따르면, 만찬에서 빵과 포도주를 먹고 마시는 바로 그때, 빵과 포도주는 확실히 자양분을 주어 회복시킨다는 것을 우리에게 가르치는 증표 또는 영적인 진리의 상징입니다. 믿음으로 인정하고 제것으로 만드는 몸과 피는 영혼을 의심할 여지없이 한층 더 강화하고 되살립니다.

칼뱅(Calvin)이라고 부르는 사람의 다른 관점에 따르면, 만찬을 먹을 때 이보다 더 많은 것이 있습니다. 그는 신비하고 이해하기 어려운 방식으로, 그러나 실제로, 우리는 성령을 통해서 하늘에 계신 예수님의 몸과 피에 의해서 자양분을 받아 우리의 몸도 그분의 몸의 능력을 통해서 영원한 생명의 능력의 참여자가 된다고 가르칩니다. 이런 이유로 그는  육체의 부활을 만찬에서 그리스도의 몸을 먹는 것과 연결시킵니다. 그는 다음과 같이 기술하고 있습니다. "성체(성찬식의 빵과 포도주-역주)가 요구하는 육체의 존재는 그와 같이, 여기서(만찬에서) 그와 같은 능력을 발휘에서 우리의 영 안에 영원한 생명에 대한 의심할 여지가 없는 확신뿐만 아니라, 육신에 대한 불멸의 확신을 하도록 합니다. 누구든지 나에게 이것이 어떻게 이렇게 될 수 있느냐고 묻는다면, 너무 높아서 나의 영이 이해하거나 또는 나의 말로 설명할 수 없는 신비라는 것을 인정하는 것을 부끄러워하지 않습니다. 나는 그것을 내가 이해할 수 있는 것보다 더 느낍니다."


"참으로 그리스도의 몸이 우리의 양식이 되도록 하기 위하여 광대한 지역의 거리에서 우리에게 도달해야 하다는 것이  믿기 힘든 것처럼 보일 수도 있습니다. 그러나 우리는 성령의 능력이 우리의 모든 지각을 얼마나 초월하는지를 기억해야 합니다. 이해력으로 이해할 수 없는 것을 믿음으로 받아들이도록 합시다. 즉 그것이 우리의 뼈와 골수를 뚫고 들어가는 것처럼, 그리스도께서 그분의 생명을 우리에게 불어 넣으신 신성한 교제를 받아들이도록 합시다.

그리스도의 몸과 피의 성찬은 영생을 상속받기를 원하는 모두에게 필요합니다. 사도는 "교회는...그의 몸이다."(엡 1:23) "그는 머리니 곧 그리스도라 그에게서 온 몸이 각 마디를 통하여 도움을 받음으로 연결되고 결합되어 각 지체의 분량대로 역사하여 그 몸을 자라게 하며 사랑 안에서 스스로 세우느니라."(엡 4:15-16)고 말합니다. 우리 몸은 그리스도의 지체입니다.(고전 6:15-16) 우리는 그분이 몸과 영으로 우리와 연결되어 있지 않는다면 이 모든 것이 일어날 수 없다는 것을 압니다. 사도는 다시 "우리는 그분의 몸과 그분의 살과 그분의 뼈의 지체이다."(엡 5:30)라는 영광스러운 표현을 사용합니다. 따라서 그는 "이 비밀이 크도다."(엡 5:32)라고 외칩니다. 사도가 성찬을 중요하게 여겨서 성찬에 대하여 설명했다기보다 오히려, 경탄했던 성찬을 주님의 몸과 피를 믿는 사람들이 인정하지 않는 것은 어리석은 일입니다.

성찬은 그리스도인이 단순히 그리스도의 구속의 사역을 전용하는 것보다 더 많은 것이 있습니다. 이것은 하이델베르그 교리문답 질문 76번에서 분명하게 되어 있습니다. "그러면 그리스도의 십자가에 못박히신 몸을 먹고 그분이 흘리신 피를 먹는 것이 무엇입니까?" 답은 "그리스도의 모든 고난과 죽으심을 믿는 마음으로 기꺼이 받아들이고 이로써 죄의 용서를 받고 영원한 생명을 얻을 뿐만 아니라, 그 외에 그리스도와 우리 안에 동시에 거하시는 성령에 의해 그분의 성스러운 몸에 점점 더 연합되는 것입니다. 그 결과 비록 그리스도는 하늘에 계시고 우리는 땅에 있지만, 그래도 그분의 살중의 살이며 그분의 뼈중의 뼈입니다. 우리는 한 영에 의해서 영원히 살며 다스림을 받습니다."

이 교리에서 표현한 생각은 성경과 전적으로 일치합니다.

인간을 창조하실 때 인간을 하나님이 이전에 창조하셨던 영들(역주: 천사들)과 구별하시고, 인간을 하나님의 지혜와 능력의 최고의 작품으로 지으신 주목할 만한 것은 인간이 흙으로 지어진 몸 안에 영의 생명과 하나님의 영광을 나타낼 수 있도록 하시는 것이었습니다. 육신을 통해서 정욕과 죄가 세상에 들어왔습니다. 완전한 구속이 몸을 구원해서 몸이 하나님의 거처가 되도록 하기 위해서 계획되었습니다. 그 때만이 구속이 완벽하게 되어 하나님의 목적이 성취될 것입니다. 이것이 주 예수님이 육체로 오셔서 그 분 안에 신성의 모든 충만이 육체"로(골 2:9)거하셨던 목적이었습니다. 이를 위해서 그분은 그분의 몸으로 나무위에서 우리의 죄를 짊어지시고, 그분의 죽으심과 부활을 통해서 그분은 죄와 죽음의 권능으로부터 몸뿐만 아니라 영을 구원하셨습니다. 이 구속의 첫 열매로 우리는 이제 그분과 한 영일뿐만 아니라 한 몸입니다. 우리는 그분의 몸과 살과 그리고 뼈에 속합니다. 성만찬 식 때 주님이 몸으로 오셔서 또한 그것을 취하신다는 것은 이 때문입니다. 그분은 우리의 영에 그분의 영으로 역사하실 뿐 아니라, 구속에서 몸을 분배하시기 위해서 역사하십니다. 아니, 이미, 여기서 육체는 성령의 성전이며, 영혼의 성화는 그러한 대립적인 영향력을 행사하는 육체를 포함한 분열되지 않은 인격의 몫이 있는 것과 마찬가지로 더욱 영광스럽게 진전될 것입니다.

그러므로 우리는 "그리스도의 몸이 빵 속에 있음으로 불신자들까지도 거룩한 몸을 먹는다는 루터의 가르침을 따르는 것이 아니라," 그런 식의 실제적인 그런 믿음이 성령에 의한 비밀스러운 방식으로 실제로 영혼과 육체가 영원한 생명에 참예하는 음식으로서, 하늘로부터 거룩한 몸과 피의 능력을 받는 "그리스도의 실제 몸과 진짜 피"를 의도적으로 먹는 성례전에 참여합니다.

(필자 주- 쉼표 안에 있는 "실제 몸과 그리스도의 진짜 피"라는 말은 네덜란드의 개혁 교회 신앙 고백서에서 머레이 박사가 인용한 것이지만, 머레이 박사는 다음과 같은 말을 맹목적으로 첨가하지 않습니다. "우리가 함께하는 참예하는 방식은 입으로가 아니라, 믿음으로 말미암은 성령에 의한 것입니다." 머레이 박사는 개혁주의 신앙에 충실했습니다. 그 자신의 견해는 하이델베르크 교리 문답 99쪽에 나타나 있습니다.)

성찬에 대해서 지금까지 말한 모든 것들은 "예수님의 피를 마시는 것"에 완전히 적용되어야 합니다. 그것은 그리스도와 가장 친밀하고 가장 완벽한 연합이 영향을 받는 깊은 영적인 신비입니다. 그것은 영혼이 성령을 통해서 완전히 그리스도의 피의 성찬을 적용시키고 그분이 그분의 피를 흘리심으로 계시하셨던 바로 그 섭리의 참된 참여자가 되는 곳에서 일어납니다. 그리스도와 함께 한 몸으로, 믿는 사람이 그분 안에 완벽히 거하기를 원하고, 성령을 통해서 초인적인 강력한 방법으로 피가 하늘의 생명을 유지하고 강화할 것이라는 점에서, 피는 몸의 영혼이며 생명입니다. 피에서 쏟아져 나온 생명이 그분의 생명이 됩니다. 옛 생명인 "나는" 그분 안에 있는 그리스도의 생명을 위한 자리를 마련하기 위해서 죽습니다. 이 마시는 것이 주님의 하늘에 생명에 얼마나 가장 많이 참여하는지를 깨달음으로 신앙은 가장 위대하고 가장 영광스러운 것 가운데 하나가 됩니다.

그것은 여전히 묻고 있습니다.

## 3. "마시는 것"에 대한 우리의 태도는 어떠해야 하는가?

사랑하는 형제들이여, 여러분은 이미 우리가 우리 안에 하나님의 생명에 관한 가장 깊은 신비 중 하나가 여기 있다는 것을 들었습니다. 우리가 주 예수님께 그분이 "그분의 피를 마시는 것."이 무엇을 의미하는지 우리에게 가르쳐 주시고 우리에게 부여하여 주시기를 간구하는 동안 우리는 매우 깊은 경외심으로 하나님께 나아가는 것이 필요합니다.

예수님과 완벽한 연합을 열망하는 사람만이 예수 그리스도의 피를 마시는 것이 무엇인지 바르게 알게 될 것입니다. "내 살을 먹고 내 피를 마시는 자는 내 안에 거하고 나도 그의 안에 거하니라."(요 6:56) 단지 자기의 죄의 용서에 만족하는 사람, 예수님의 사랑을 풍성하게 마시기를 목말라하지 않는 사람, 피의 완전한 능력으로 예수님 안에 있는 같은 자질을 자신 안에 진정으로 갖기 위하여 죄와 몸에 대한 구속을 경험하기를 원치 않는 사람은 이 "피를 마시는 것"에 약간의 비중을 둘 것입니다. 반면에, 자신의 주요한 목적으로 "내 안에 거하고 나도 그의 안에 거하니라."는 예수님의 목적을 자신 앞에 놓고 영원한 생명의 능력이 자신의 몸 안에서 역사하기를 원하는 사람은 이 말씀이 너무 높고 너무 이해하기 힘들다는 인상에 겁먹지 않을 것입니다. 그는 하늘에 속해 있기 때문에 하늘에 마음이 있기를 열망하며 여기에 있습니다. 그러므로 그는 또한 하늘로부터 그분의 살과 음료를 얻기를 원합니다. 목마름이 없으면 마시지 않습니다. 예수님에 대한 갈망과 그분과 완벽한 교제는 피를 마시기 위한 최상의 준비된 갈증입니다.

목마른 영혼이 이 생명을 주는 음료인 원기를 회복시키는 하늘의 음료를 마시게 하는 것은 성령을 통해서입니다. 우리는 이미 이 마시는 것이 하늘의 신비라고 말했습니다. 모든 것의 심판자이신 하나님이 계시는 곳, 새 언약의 중보자이신 예수님이 계시는 곳, 즉 하늘에, 또한 "뿌린 피"(히 12:23-24)가 있습니다. 성령께서 우리를 가르치실 때, 말하자면, 우리를 손으로 붙잡으시고, 그분은 단지 우리 인간이 이해할 수 있는 이상을 주십니다. 우리가 그 피에 대한 우리의 몫에 대해 예수님의 피나 생명에 대해 품을 수 있는 모든 생각들, 모든 것은 예수님과 우리의 연합을 통해 성령께서 우리 안에 들어오게 하실 영광스러운 실체의 희미한 광선일 뿐입니다.

어디에서나 바라건대, 우리의 인간의 몸 안에 우리가 피를 실제로 받아서 그것을 마신 것을 알고 있는가? 몸은 정맥을 통해 심장에서 지속적으로 재생되는 혈류를 받는 잇따르는 몸의 한 지체가 아닌가? 건강한 몸의 각 지체는 끊임없이 그리고 풍부하게 피를 마십니다. 따라서 우리를 그분께 결합시키는 그리스도 예수 안에 있는 생명의 영이 이 피를 마시는 것을 내적 생명의 자연스러운 활동으로 만들 것입니다. 유대인들이 주님이 그분의 살을 먹고 그분의 피를 마시는 것에 관해서 말씀하신 것이 "어렵다"(요 6:60)고 불평했을 때, 그분은 "살리는 것은 영이니 육은 무익하니라. 내가 너희에게 이른 말은 영이요 생명이니라."(요 6:63)고 말씀하셨습니다. 우리 안에 이 신성한 생명과 능력, 즉 우리가 예수님 안에 거하고 그분이 우리 안에 거하시는 진정으로 살아있는 경험을 하게 하시는 분은 성령이십니다.

　이 축복이 우리에게 주어질 수 있도록 하려면, 믿음에 대한 차분하고 강하고 확고한 기대가 우리 편에 있어야 합니다. 즉 우리는 모든 보배로운 피가 우리를 위해서 할 수 있거나 또는 줄 수 있는 실제로 우리를 위한 것이라는 것을 믿어야 합니다.
　우리 구세주께서 직접 성령을 통해 우리로 하여금 그분의 피를 생명으로 마시게 하시리라 믿도록 합시다. 우리가 더 잘 이해하고 있는 피의 효력, 즉 화목하게 하고, 깨끗하게 하고, 성화시키는 효력에 대해 진심으로 그리고 지속적으로 전유하도록 합시다.

　우리는 그때 최고의 확신과 기쁨으로 주님께 "오 주님, 당신의 피가 나의 생명의 물입니다. 그 피로 나를 씻기시고 깨끗하게 하신 분, 내가 당신 안에 당신이 내 안에 거하실 수 있도록 당신은 나에게 날마다 인자의 살을 먹고 그분의 피를 마시라고 가르치실 것입니다." 그 분은 분명히 그렇게 하실 것입니다.

# 9 장

## 피로 인한 승리

"또 우리 형제들이 어린 양의 피와 자기들이 증언하는 말씀으로써 그를 이겼으니 그들은 죽기까지 자기들의 생명을 아끼지 아니하였도다."(계 12:11)

수천 년 동안, 인간을 타락하게 했던 옛 뱀과 "여자의 후손" 간의 인류의 소유를 위한 강력한 갈등이 있어 왔습니다.

종종 하나님의 나라가 능력으로 임한 것처럼 보입니다. 그런데 다른 때에는 악의 세력이 패권을 얻어서 싸움은 가망이 없는 것처럼 보입니다. 그것은 또한 예수님의 생애에 있어서도 마찬가지였습니다. 그분의 오심과 그분의 놀라운 말씀과 사역으로 인해 빠른 구속에 대한 가장 영광스러운 기대를 불러일으켰습니다. 예수님의 죽으심이 그분을 믿는 모든 사람들에게 가져다준 실망은 얼마나 끔찍한 일이었겠습니까! 그것은 실로 마치 어둠의 세력이 승리를 얻어서 영원히 그들의 나라를 세운 것처럼 보였습니다. 그러나 보십시오! 예수님이 죽은 자 가운데서 살아나셨고, 명백한 승리가 어둠의 제왕의 가혹한 몰락을 입증했습니다. "생명의 주님"의 죽음을 초래함으로, 사탄은 홀로 지옥의 문을 부수고 여실 수 있는 그분이 그분의 나라로 들어가실 수 있도록 허용했습니다. "죽음을 통하여 죽음의 세력을 잡은 자 곧 마귀를 멸하시려하심이라."(히 2:14) 우리 주님이 죽으심으로 피를 흘리셨던 거룩한 순간에, 그것은 마치 사탄이 승리해서 그분이 지금까지 가지고 계셨던 권세를 강탈당한 것처럼 보였습니다.

우리의 본문은 이 기억해야할 사건들에 대해서 매우 인상적인 진술을 합니다. 최고의 주석가들은 주해의 상세한 차이점에도 불구하고, 우리가 여기서 예수님의 승천의 결과로 하늘로부터 사탄이 내쫓겼다는 광경이 있다는 생각에서는 일치합니다.

우리는 계시록 12장 5-9절에서 "여자가 아들을 낳으니...그 아이를 하나님 앞과 보좌 앞으로 올려가더라...하늘에서 전쟁이 있으니 미가엘과 그의 사자들이 용과 더불어 싸울쌔 용과 그의 사자들도 싸우나 이기지 못하여 다시 하늘에서 그들이 있

을 곳을 얻지 못한지라 큰 용이 내쫓기니 옛 뱀 또는 마귀라고
도 하고 사탄이라고도 하며 온 천하를 꾀는 자라 그가 땅으로
내쫓기니 그이 사자들도 그와 함께 내쫓기니라."는 말씀을 읽
습니다.

그런 다음 본문이 나오는 노래를 따릅니다. "이제 우리 하나
님의 구원과 능력과 나라와 또 그의 그리스도의 권세가 나타났
으니 우리 형제들을 참소하던 자 곧 우리 하나님 앞에서 밤낮
참소하던 자가 쫓겨났고 또 우리 형제들이 어린 양의 피와 자기
들이 증언하는 말씀으로써 그를 이겼으니 그들은 죽기까지 자
기들의 생명을 아끼지 아니하였도다."(계 12:10-11)

우리의 특별한 주목을 받을만한 요점은 사탄의 정복과 그
의 존재가 하늘에서 쫓겨났지만, 예수님의 승천과 뒤따른 하늘
에서의 전쟁의 결과로 들렸던 승리의 노래에서 승리는 주로 어
린 양의 피의 탓으로 돌려졌다는 것입니다. 피가 승리를 얻는
능력이었습니다.

계시록의 전체를 통해서, 우리는 보좌에 계시는 어린 양을
봅니다. 그분이 그 지위를 얻으신 것은 죽임을 당한 어린 양으

로서입니다. 사탄과 모든 권능을 이긴 승리는 어린 양의 피로 인한 것입니다.

우리는 다양한 효력이 있는 피에 대해 말했습니다. 우리는 그 승리가 왜 항상 어린 양의 피로 주어지는지 이해하기 위해서 탐구하는 것은 적절합니다.

우리는 승리를 고려할 것입니다.

1. 완전히 얻은 것으로
2. 계속되는 것으로
3. 우리 몫의 하나로

**1. 완전히 얻은 승리가 있습니다.**

우리의 본문에 주어진 고귀한 표현에서, 우리는 높은 지위가 이전에 인류의 큰 적인 사탄에 의해서 점령을 당한 것을 봅니다. 사탄은 하늘에 들어가서 거기에서 형제들의 참소자로, 하나님의 사람들을 위하여 행해지는 것은 무엇이든지 반대자로 나타납니다.

우리는 이것을 구약성경에서 어떻게 가르치는지를 알고 있습니다. 욥기서에서 우리는 사탄이 하나님의 아들들과 함께 주님 앞에 직접 출두해서 주님으로부터 그분의 종 욥을 시험하도록 허락을 얻기 위해서 나오는 것을 봅니다.(욥 2장) 스가랴서3장 1-2절에서 우리는 스가랴가 "대제사장 여호수아는 천사 앞에 섰고 사탄은 그의 오른쪽에 서서 그를 대적하는 것을 여호와 앞에서 내게 보이시니라."는 말씀을 읽습니다. 게다가 누가복음 10장 8절에서 "사탄이 하늘로부터 번개같이 떨어지는 것을 내가 보았노라."고 기록된 우리 주님의 진술이 있습니다. 나중에 영혼의 고뇌 속에서 이전에 다가오는 고통을 느끼셨을 때, 그분은 "이제 이 세상에 대한 심판이 이르렀으니 이 세상의 임금이 쫓겨나리라."(요 12:31)고 말씀하셨습니다.

언뜻 생각하기에는 성경이 사탄을 하늘의 존재로 표현하는 것이 이상하게 보일 수 도 있습니다. 그러나 이 사실을 올바르게 이해하려면, 하늘이 하나님과 사탄이 이웃으로 소통하는 곳, 즉 작은 제한된 거주지가 아니라는 것을 기억할 필요가 있습니다. 아닙니다! 하늘은 아주 많은 다른 구획을 가진 사실상 하나님의 뜻을 수행하는 무수한 천사들의 무리로 가득찬 광대한 영역입니다. 그들 가운데 사탄도 아직 한 자리를 차지하고 있습니다. 따라서 기억하십시오. 사탄은 성경에 외모가 검고 소름 끼치는 모습으로 표현된 것이 아니라, 일반적인 모습, "광명의 천사"(고후 13:14)로 표현되어 있습니다. 사탄은 수천 명의 종 들을 거느린 우두머리였습니다. 사탄이 인간의 타락을 야기해 서 세상을 그에게 넘겨서 세상의 우두머리가 되었을 때, 사탄 은 그 안에 있는 모든 것을 지배할 권세가 있었습니다. 인간은 이 세상의 왕이 될 운명이 되었습니다. 이는 하나님이 "권세를 차지하라."(눅 19:17)고 말씀하셨기 때문입니다. 사탄이 왕을 정복했을 때, 그는 그의 온 나라를 사탄의 권세 아래 건네주었 습니다. 이 권세는 하나님께 인정받은 것이었습니다. 하나님이 그분의 거룩하신 뜻에 따라서 사람이 사탄의 말을 듣는다면, 그 는 그 결과를 치르고 압제를 당해야 한다는 것을 미리 정하셨습 니다. 하나님은 결코 이 문제에 있어 그분의 능력을 사용하시 거나 폭력을 행사하신 것이 아니라, 항상 율법과 공평한 방식 을 선택하셨습니다. 따라서 사탄은 합법적인 방식으로 권세를 빼앗길 때까지 그의 권세를 유지했습니다.

이것이 사탄이 하늘에서 형제들의 참소자로, 옛 언약의 4,000년 동안 그들에게 적대자로 나타날 수 있었던 이유입니 다.

그는 모든 육체에 대한 권세를 얻었으며, 그의 권세의 영역으로서 육체로 정복된 후에야 비로소 참소자로서 하늘의 법정에서 영원히 쫓겨날 수 있었습니다. 그래서 하나님의 아들도 그분 자신의 땅에 있는 사탄과 싸워서 정복하기 위해서 육체로 오셔야만 했습니다.

이런 이유로 또한 그분의 공생애 시작에서 우리 주님은 기름부음을 받으시고 이와 같이 공적으로 하나님의 아들로 인정을 받으신 후 "성령에 이끌리어 마귀에게 시험을 받으러 광야로 가셨습니다"(마 4:1). 사탄에 대한 승리는 그분이 개인적으로 견디시고 그의 시험을 이겨내신 후에야 비로서 얻을 수 있으셨습니다.

그러나 이 승리는 결코 충분하지 않았습니다. 그리스도는 "죽음을 통하여 죽음의 세력을 잡은 자 곧 마귀를 멸하시려고." 오셨습니다(히 2:14). 마귀는 하나님의 율법 때문에 그 죽음의 권세가 있었습니다. 그 율법이 마귀를 죄수들의 간수로 임용했습니다. 성경은 "사망이 쏘는 것은 죄요 죄의 권능은 율법이라"(고전 15:56)고 말씀합니다. 승리를 통해 사탄을 내 쫓는 것은 율법의 의로운 요구가 완전히 성취될 때까지 일어날 수 없습니다. 죄인은 사탄의 권세로부터 해방되기 전에 율법의 권능으로부터 해방되어야 합니다.

주 예수님이 율법의 요구를 성취하시는 것은 그분의 죽으심과 그분의 피 흘리심을 통해서입니다. 끊임없이 율법은 "죄의 삯은 사망이요."(롬 6:23) "범죄하는 그 영혼은 죽으리라."(겔 18:4)고 선언을 했습니다. 성전의 전형적인 사역을 통해서 피흘림과 피뿌림의 희생제물을 통해서 율법은 화목과 구속은 피흘림을 통해서만 일어날 수 있다는 것을 예고했습니다. 우리의 보증인으로서 하나님의 아들이 율법 아래서 태어나셨습니다. 그분은 율법을 완전히 순종하셨습니다. 그분은 자신을 율법의 권위 아래 나가자빠지게 하려는 사탄의 시험을 굴하지 않으셨습니다. 그분은 죄의 형벌을 감당하기 위해서 기꺼이 자신을 포기하셨습니다. 그분은 고난의 잔을 거부하라는 사탄의 시험에 귀를 기울이지 않으셨습니다. 그분이 그분의 피를 흘리셨을 때, 그분은 율법을 완성하기 위해서 최후까지 그분의 전 생명을 바치셨습니다. 율법이 완전하게 성취되었을 때, 죄와 사탄의 권세는 끝났습니다. 그러므로 죽음이 그분을 잡고 있을 수 없습니다. "영원한 언약의 피"(히 13:20)로 하나님은 그분을 다시 "죽은 자 가운데서"(히 13:20) 이끌어내셨습니다. 그분은 그분의 화목이 우리에게 효력이 있게 하시기 위해서 "오직 자기의 피."(히 9:12)로 하늘에 들어 가셨습니다.

본문은 우리에게 하늘에 계신 우리 주님의 나타나심의 영광스러운 결과에 대한 놀라운 설명을 합니다. 우리는 신비스러운 여자에 관해서 읽습니다. "여자가 아들을 낳으니 이는 장차 철장으로 만국을 다스릴 남자라 그 아이를 하나님 앞과 그 보좌 앞으로 올려가더라...하늘에 전쟁이 있으니 미가엘과 그의 사자들이 용과 더불어 싸울새 용과 그의 사자들도 싸우나 이기지 못하여 다시 하늘에서 그들이 있을 곳을 얻지 못한지라 큰 용이 내쫓기니 옛 뱀 곧 마귀라고도 하고 사탄이라고도 하며 온 천하를 꾀는 자라 그가 땅으로 내쫓기니 그의 천사들도 그와 함께 내쫓기니라."(계 12:5-9) 게다가 우리의 본문의 말씀에 나오는 승리의 노래가 다음에 나옵니다. "어린 양의 피와 자기들이 증언하는 말씀으로 그를 이겼다."(계 12:11)

다니엘서에서 우리는 하나님의 백성 이스라엘 편에 서 있었던 이 미가엘과 대항하는 세상의 권세자들간의 이전의 싸움에 대해서 읽습니다. 그러나 이제야 어린 양의 피 때문에 사탄을 쫓아낼 수 있습니다. 죄를 위한 화목과 율법의 완성이 그분의 모든 권세와 권리를 사탄에게 다시 찾아왔습니다. 우리가 이미 보았던 것처럼, 하늘에서 하나님과 함께 죄를 없애고 죄를 무효로 만드는 그와 같은 놀라운 일들을 행한 피는 사탄을 지배하는 똑같은 능력이 있습니다. 사탄은 이제 더 이상 참소할 어떤 권리도 없습니다. "이제 우리의 하나님의 구원과 능력과 나라와 또 그의 그리스도의 권세가 나타났으니 우리 형제들을 참소하던 자 곧 우리 하나님 앞에서 밤낮 참소하던 자가 쫓겨났다... 우리 형제들이 어린 양의 피와 자기들의 증언하는 말씀으로써 그를 이겼다."(계 12:10-11)

## 2. 계속적인 승리가 있습니다.

첫 번 승리에 따른 이 승리 즉, 사탄이 땅에 던져졌을 때, 하늘의 승리가 지금 여기서 이루어져야 합니다.

이것은 승리의 노래의 말씀에 나타납니다. "우리 형제들이 어린 양의 피와 자기들의 증언하는 말씀으로써 그를 이겼다."(계 12:10-11) 이것은 주로 언급된 "형제들"에 관해서 말씀되었지만, 그것은 또한 천사들의 승리를 가리킵니다. 하늘과 땅의 승리가 동시에 진행되며 같은 토대에 기초합니다. 우리는 다니엘서의 한 부분에서 이미 하나님의 일을 수행함에 있어 하늘과 땅 사이에 어떤 교제가 있는지 언급(단 10:12-13)되어 있다는 것을 알고 있습니다. 다니엘이 기도하자마자 천사가 활동하고, 하늘에서는 3주간의 싸움이 있었고 땅에서는 3주간의 기도와 금식이 있었습니다. 여기 땅에서의 싸움은 하늘의 보이지 않은 영역에서의 싸움의 결과입니다. 미가엘과 그의 천사들 뿐 만아니라, 땅에 있는 형제들은 "어린 양의 피"로 승리를 얻었습니다.

계시록 12장에서 우리는 싸움이 어떻게 하늘에서 땅으로 옮겨졌는지 분명하게 배웁니다. "땅에 사는 자들에게 화, 화, 화가 있으리라."(계 8:13)고 하늘에서 외쳤습니다. "땅과 바다는 화있을진저 이는 마귀가 자기의 때가 얼마 남지 않을 줄을 알므로 끄게 분내어 너희에게 내려갔음이라."(계 12:12) "용이 자기가 땅으로 내쫓긴 것을 보고 남자를 낳은 여자를 박해하는지라."(계 12:13)

여자는 단지 예수님이 탄생시켰던 교회외에는 아무것도 의미하지 않습니다. 마귀가 그분을 더 이상 해를 끼칠 수 없을 때, 그는 그분의 교회를 박해합니다. 우리 주님의 제자들과 처음 3

세기의 교회는 이 박해를 경험했습니다. 수 십만명의 그리스도인들이 피의 박해로 순교의 제물로 죽었습니다. 사탄은 교회를 배교하게 하거나 완전히 뿌리를 뽑기 위해서 전력을 다 했지만, 그 전체 의미에서, "우리 형제들이 어린 양의 피와 자기들이 증언하는 말씀으로써 그를 이겼으니 그들은 죽기까지 자기들의 생명을 아끼지 아니하였도다."(계 12:11)라는 말씀은 순교자들에게 적용됩니다.

수세기에 걸친 박해 끝에, 교회는 수세기 동안 휴면(休眠-쉬면서 거의 아무런 활동도 하지 않음-역주)과 세상의 번영을 누렸습니다. 사탄은 헛되이 무력을 행사하려 했습니다. 세상의 호의로 사탄은 더 나은 성공을 거둘 수 있었습니다. 세상에 순응하는 교회에서는 모든 것이 점점 어두어지고, 중세 시대까지 로마의 배교가 그 절정에 이르렀습니다. 그럼에도 불구하고 이 모든 시기에, 주위의 비참한 가운데서도, 믿음의 싸움을 싸운 사람들이 적지 않게 있었고, 그들의 경건한 삶과 주님에 대한 증거로 그 진술이 종종 입증되었습니다. "우리 형제들이 어린 양의 피와 자기들이 증언하는 말씀으로써 그를 이겼으니 그들은 죽기까지 자기들의 생명을 아끼지 아니하였도다."(계 12:11)

이것은 역시 복된 종교개혁을 통해서 사탄이 교회에서 얻은 강력한 권세를 무너뜨리는 불가사의한 능력이었습니다. "우리 형제들이 어린 양의 피와 자기들이 증언하는 말씀으로써 그를 이겼으니 그들은 죽기까지 자기들의 생명을 아끼지 아니하였도다"(계 12:11) 우리가 "그리스도 예수 안에 있는 속량으로 말미암아 하나님의 은혜로 값없이 의롭다하심을 얻은 자"(롬 3:24)가 된 것은 하나님이 종교개혁자들에게 그와 같은 놀라운 능력과 그와 같은 영광스러운 승리를 주신 영광스러운 진리를 발견하고 경험하고 그리고 설교한 것이었습니다.

종교개혁 시대 이후로, 어린 양의 피가 영광을 받은 것에 비례하여 교회는 끊임없이 무감각과 오류에서 승리를 얻기 위해서 새로운 삶의 영감을 받아왔습니다. 그렇습니다. 사탄의 보좌가 수천 년 동안 방해받지 않은 가장 난폭한 이방인 가운데서도 피는 여전히 사탄의 능력을 파괴해야 하는 무기입니다. 죄를 위한 화목제와 하나님의 무조건적인 용서하시는 사랑의 토대로서의 "십자가의 피"에 대한 설교는 가장 어두워진 마음이 열리고, 부드러워지며 사탄의 거처가 되는 마음이 지극히 높으신 분의 성전으로 변화되는 능력입니다.

교회에 효력이 있는 것은 각 그리스도인들에게도 유효합니다. "어린 양의 피"로 그는 항상 승리합니다. 그것은 완벽한 화목과 죄를 완전히 덮는 효력이 있고, 마귀에게서 우리를 지배하는 그의 권세를 완벽하게 영원히 빼앗고, 우리의 마음에 하나님의 은혜에 대한 완전한 확신이 역사하도록 하고, 죄의 권능을 파괴하도록 하는 것은 그 피가 하늘에서 하나님과 함께 가지고 있는 능력을 확신하고 있을 때입니다. 말할 것도 없이, 영혼이 피의 능력으로 살아갈 때, 사탄의 덫에 걸리게 하는 시험을 중단시킵니다.

어린 양의 거룩한 피가 뿌려질 때 거기에 하나님이 거하시고 사탄은 패주합니다. 하늘과 땅 그리고 우리의 마음에 점진적인 승리를 알리는 말씀은 유효합니다. "우리 형제들이 어린 양의 피와 자기들이 증언하는 말씀으로써 그를 이겼으니 그들은 죽기까지 자기들의 생명을 아끼지 아니하였도다."(계 12:11)

3. 우리는 또한 이 승리 안에 몫이 있습니다.

"우리가 어린 양의 피로 깨끗하게 된 사람들 중에 있다고 여겨진다면." 우리에게는 승리의 몫이 있습니다.

이 사실을 완전히 즐기려면 우리는 다음과 같은 사실에 유의해야 합니다.

(1) 싸움이 없는 승리는 있을 수 없습니다.

우리는 우리가 적의 영토에 거한다는 것을 알아야 합니다. 요한사도의 하늘의 환상에서 그에게 나타난 것이 우리의 일상 생활 속에서 적용되어야 합니다. 사탄은 땅으로 내 쫓겼고(계 12:9) 그는 맹렬히 진노합니다. 이는 그가 자기의 때가 얼마남지 않았다는 것을 알았기 때문입니다.(계 12:12). 사탄은 이제 영화롭게 되신 예수님께 다가 갈 수 없습니다. 그러나 그분의 백성들을 공격하여 그분께 나아가려고 합니다. 우리는 매순간 상상할 수 없는 교활하고 능력이 있는 적에 의해 감시를 당하고 있기 때문에 항상 거룩한 양심에 따라 살아야 합니다. 그는 우리를 자신의 권세 아래로 끌어들이기 위해서 완전히 또는 부분적으로 약간은 그의 권한으로 할 수 있는 끈기 있게 노력을 하고 있습니다. 사탄은 문자 그대로 "이 세상의 임금."(요 12:31)입니다. 세상에 있는 모든 사람들은 사탄을 섬길 준비가 되어있습니다. 사탄은 교회를 그녀(교회)의 주님께 불성실하도록 이끌기 위해서 그의 영 즉 세상의 영으로 교회를 고무시켜

활용하는 방법을 알고 있습니다.

　사탄은 흔히 죄가 되는 것에 대한 유혹뿐만 아니라, 세속적인 용무와 사업에 끼어드는 방법을 알고 있습니다. 즉 우리의 일용할 양식과 필요한 잡동사니를 찾고, 정치, 상업적인 체제, 우리의 문학과 과학, 우리의 지식과 모든 것들, 등등에 끼어드는 법을 알고 있습니다. 그는 그 자체가 합법적인 모든 것을 그의 악마적인 속임수를 전달하는 도구로 이용합니다.

　"어린 양의 피로" 사탄과의 싸움에서 승리를 함께 공유하기를 원하는 성도는 반드시 전사가 되어야 합니다. 성도는 적의 기질을 알기 위해서 애를 써야 합니다. 성도는 성령에 의해 사탄의 은밀한 간계가 무엇인가를 말씀을 통해서 가르침을 받아야 합니다. 그것은 성경에서 "사탄의 깊은 것"(계 2:24)이라고 말하는데, 그것으로 사탄은 너무나도 자주 사람들의 눈을 멀게 해서 속입니다. 성도는 이 싸움이 "혈과 육을 상대하는 것이 아니라 통치자들과 권세들과 이 어둠의 세상 주관자들과 하늘에 있는 악의 영들을 상대하는 것"(엡 6:12)이라는 것을 알아야 합니다. 성도들은 모든 면에서, 어떤 희생을 치르더라도, 죽기까지 이 싸움에 계속 전념해야 합니다. 그 때야 비로소 성도는 "우리 형제들이 어린 양의 피와 자기들이 증언하는 말씀으로써 그를 이겼으니 그들은 죽기까지 생명을 아끼지 아니하였도다."(계 12:11)라는 승리의 노래에 참여할 수 있을 것입니다.

(2) 승리는 믿음으로 말미암습니다.

"무릇 하나님께로부터 난 자마다 세상을 이기느니라. 세상을 이기는 승리는 이것이니 우리의 믿음이니라. 예수께서 하나님의 아들이심을 믿는 자가 아니면 세상을 이기는 자가 누구냐?"(요일 5:4-5)

우리 주 예수님은 "담대하라 내가 세상을 이기었노라"(요 16:33)고 말씀하셨습니다. 사탄은 이미 정복당한 적입니다. 사탄은 주 예수께 속한 자들에게 말할 정당한 권리가 전혀 없습니다. 내가 예수님의 승리에 참여하고 있다는 사실을 믿지 않거나, 무지함으로, 손을 놓고 있을 때 나는 사탄에게 다시 그가 소유하지 않은 나에 대한 권세를 줄지도 모릅니다. 그렇지 않으면 내가 살아있는 믿음으로 내가 주 예수님과 하나라는 것과, 주님 자신이 내 안에 살고 계신다는 것과 그분이 얻은 승리를 내 안에서 유지하시고 이어가신다는 사실을 알 때 사탄은 나를 지배할 능력이 없습니다. 어린 양의 피를 통한 승리는 나의 생명의 능력입니다.

이 믿음만이 싸움에서 용기와 기쁨을 불러일으킬 수 있습니다. 오직 이 믿음 만이 적의 가공할 능력과 그가 결코 자지 않고 지켜보고 있다는 것 그리고 그가 우리를 시험하기 위해서 세상에 있는 모든 것을 손에 넣은 수단에 대해서 생각함으로 싸움에서 용기와 기쁨을 고취할 수 있습니다. 일부 그리스도인들이 생각하는 것처럼, 싸움이 너무 심각해서 그런 긴장 속에서 항상 사는 것은 불가능하다고 말할 수 있습니다. 우리가 우리의 약함으로 적을 만나거나, 자신의 힘으로 승리를 얻어야 한다면, 이것은 완전히 사실입니다. 그러나 그것은 우리가 그렇게 하도록 요구받은 것이 아닙니다. 예수님이 승리이십니다. 그래서 우리는 오직 우리의 영혼이 예수님에 의해서 사탄이 하늘에서 쫓겨났다는 하늘의 환상으로 가득차고, 예수님이 친히 피로 승리하셨다는 피에 대한 믿음으로 가득차고, 예수님이 그분의 피의 능력과 승리를 유지하도록 친히 우리와 함께 계신다는 믿음으로 가득 채워지는 것이 필요합니다. 그 후에 우리는 "모든 일에 우리를 사랑하시는 이로 말미암아 넉넉히 이깁니다."(롬 8:37)

(3) 이 믿음의 승리는 어린 양과 교제에 있습니다.

믿음은 단지 내가 파악하는 생각이 아니라, 나를 지배하는 확신, 즉 삶입니다. 믿음은 영혼을 하나님과 그리고 하늘의 보이지 않는 것들과 무엇보다도 특히, 예수님의 피와 직접 만나게 합니다. 피의 능력에 나 자신을 예속시키지 않고는 피로 사탄을 지배하는 승리에 대한 믿음은 불가능합니다.

피의 능력에 대한 믿음은 나 스스로 피의 능력을 경험하려는 소원을 내 안에 불러일으킵니다. 피의 능력에 대한 각각의 경험은 승리에 대한 믿음을 더 갖게 합니다.

여러분의 하나님과 완벽한 화목을 위해서 더 깊이 들어가십시오. 끊임없이 "예수의 피가 우리를 모든 죄에서 깨끗하게 하실 것"(요일 1:7)이라는 확신으로 믿음을 행사하면서 사십시오. 피를 통해서 자신을 거룩하게 하고 하나님께 가까이 갈 수 있도록 몰두하십시오. 피가 여러분에게 생명을 주는 양분과 능력이 되도록 하십시오. 그러면 여러분은 사탄과 그의 시험에 대한 계속되는 승리를 경험하게 될 것입니다. 헌신된 제사장으로, 하나님과 함께 동행하는 사람은 사탄을 정복하는 왕으로서

통치할 것입니다.(벧전 2:5,9)

성도들이여, 그분의 피로 우리 주 예수님은 우리를 제사장의 정결과 사역에서 뿐만 아니라, 왕권으로 우리가 하나님을 위해서 통치할 수 있도록 하시기 위해서 하나님을 위한 제사장뿐만 아니라, 왕들로 만드셨습니다. 왕의 영이 우리에게 우리의 적들을 다스릴 왕 같은 용기를 불어넣어 주어야 합니다. 어린 양의 피는 모든 죄책에 대한 화목뿐 만아니라, 더욱 더 죄의 모든 능력에 대한 승리의 증표가 되어야 합니다.

예수님의 부활과 승천, 사탄이 내쫓긴 것은 그분의 피 흘림의 결과였습니다. 또한 여러분 안에 피 뿌림이 예수님과 함께 부활하고, 그분과 함께 하늘에 거처에 앉히는(엡 2:5-6) 길을 열 것입니다.

그러므로 나는 다시 한 번 예수님의 피의 능력이 들어오도록 여러분의 전 존재를 열도록 여러분에게 간청합니다. 그러면 여러분의 삶이 우리 주님의 부활과 승천에 대한 끊임없는 경축과 지옥의 모든 권세를 계속해서 승리하게 될 것입니다. "이제 우리 하나님의 구원과 능력과 나라와 또 그의 그리스도의 권세가 나타났으니 우리 형제들을 참소하던 자 곧 우리 하나님 앞에서 밤낮 참소하던 자가 쫓겨났고 또 우리 형제들이 어린 양의 피와 자기들이 증언하는 말씀으로써 그를 이겼으니 그들은 죽기까지 자기들의 생명을 아끼지 아니하였도다"(계 12:10-11).

# 10 장

## 피로 말미암은 하늘의 기쁨

"이 일 후에 내가 보니 각 나라와 족속과 백성과 방언에서
아무도 능히 셀 수 없는 큰 무리가 나와 흰 옷을 입고 손에 종려
가지를 들고 보좌 앞과 어린 양 앞에 서서 큰 소리로 외쳐 이르
되 구원하심이 보좌에 앉으신 우리 하나님과 어린 양에게 있도
다 하니 모든 천사가 보좌와 장로들과 네 생물의 주위에 서 있
다가 보좌 앞에 엎드려 얼굴을 대고 하나님께 경배하여 이르되
아멘 찬송과 영광과 지혜와 감사와 존귀와 권능과 힘이 우리 하
나님께 세세토록 있을지어다 아멘 하더라 장로 중 하나가 응답
하여 나에게 이르되 이 흰 옷 입은 자들이 누구며 또 어디서 왔
느냐 내가 말하기를 내 주여 당신이 아시나이다 하니 그가 나
에게 이르되 이는 큰 환난에서 나오는 자들인데 어린 양의 피에
그 옷을 씻어 희게 하였느니라."(계 7:9-14)

이 말씀은 아무도 셀 수 없는 하늘의 영광 가운데 있는 큰 무

리의 잘려진 알려진 환상에서 나타납니다.

영 안에서 요한 사도는 큰 무리들이 긴 흰옷을 입고 손에 종려나무 가지를 들고 하나님과 어린 양의 보좌에 서 있는 것을 보았습니다. 그들은 "구원하심이 보좌에 앉으신 우리 하나님과 어린 양에게 있도다."라고 큰 소리로 노래를 불렀습니다. 모든 천사들이 하나님께 예배를 드리고 그분께 영원히 찬양과 경배를 드리기 위해 보좌 앞에 얼굴을 넙죽 엎드리고 이 노래로 응답했습니다.

그 때 장로 중 한 사람이 큰 군중을 가리키며, 그들을 구별하는 옷을 입고 요한에게 질문을 던졌습니다. "이 흰 옷 입은 자들이 누구며 또 어디서 왔느냐." 요한이 그에게 "내 주여 당신이 아시나이다."라고 대답했습니다. 그때 장로가 "이는 큰 환난에서 나오는 자들인데 어린 양의 피에 그 옷을 씻어 희게 하였느니라."고 대답했습니다.

보좌 주위에 서 있던 장로 중 한 사람에 의해서 주어진 그들의 하늘의 영광 가운데 있는 구속받은 사람들의 상태에 관한 이 설명은 매우 중요합니다.

그것은 죄와 싸움의 이 세상에서 죄인의 유일한 소망은 예수님의 피일 뿐만 아니라, 하늘에서 모든 적이 정복을 당할 때, 그 보배로운 피가 우리의 구원의 토대로 영원히 인정받게 될 것이라는 사실을 우리에게 나타냅니다. 우리는 피가 하늘에서 하나님과 함께 그 능력을 행사해야 한다는 사실을 알아야 합니다. 죄가 여전히 여기 아래서 다루어져야 할 뿐만 아니라, 모든 영원을 통하여 피의 장점과 영광으로 구속받은 각 사람은 전적으로 그의 구원의 빚을 지고 있는 피가 그에게 어떻게 효력이 있는지에 대한 표징이 있을 것입니다.

우리가 이에 대한 명확한 통찰력을 가지면, 우리는 "피 뿌림"과 하늘의 기쁨 사이에 참되고 중요한 관계가 무엇인지 더 잘 이해할 것입니다. 그리고 세상에서 피와 참된 친밀한 관계가 성도들이 여전히 세상에 있는 동안 하늘의 기쁨과 영광을 나눌 수 있게 할 것입니다.

피를 통한 하늘의 기쁨은 다음과 같습니다.

1. 피는 하늘의 거처로 갈 권리를 줍니다.
2. 피는 우리를 하늘의 기쁨에 적합하게 만듭니다.

3. 피는 하늘의 노래에 대한 주제를 줍니다.

## 1. 피는 우리에게 하늘의 거처로 갈 권리를 줍니다.

이것이 본문에서 가장 중요한 생각이라는 것이 분명합니다. "이 흰 옷 입은 자들이 누구며 또 어디서 왔느냐."는 질문에, 장로는 그들의 손에 종려나무 가지를 들고 이처럼 보좌 앞과 어린 양 앞에 서 있는 사람들, 즉 실제로 은혜를 받은 사람들이 누구인가에 관해서 주의를 일깨워서 질문하기를 원합니다. 그가 직접 대답을 할 때, 우리는 그가 그들의 모습에서 가장 주목할 만한 생각이 무엇인지를 분명히 언급할 것이라는 기대를 합니다. 그는 "이 흰 옷 입은 자들이...어디서 왔느냐."는 질문에 "이는 큰 환난에서 나오는 자들."이라고 말함으로 그 질문에 대답합니다. "이 흰 옷 입은 자들이 누구냐." 는 질문에 그는 그들은 어린 양의 피에 그 옷을 씻어 희게 된 자들이라고 대답합니다.

그것은 그들의 구별하는 표시로, 그가 특히 주의를 끌게 하는 말입니다. 이것만이 그들이 영광중에 차지하는 거처로 갈 수 있는 권리를 줍니다. 우리가 곧 다음의 말씀에 주목한다면, 이것은 명백하게 들어납니다. "그러므로 그들이 하나님의 보좌 앞에 있고 또 그의 성전에서 밤낮 하나님을 섬기매 보좌에 앉으신 이가 그들 가운데 거하실 것이다."(계 7:15-흠정역) "그러므로." 그들이 보좌 앞에 있는 것은 그 피 때문입니다. 그들이 영광중에 그토록 높은 자리를 차지하는 것은 어린 양의 피 덕분입니다. 피는 하늘에 대한 권리를 줍니다.

하늘에 대한 권리, 내가 정죄 받은 죄인과 관련해서 그런 말을 할 수 있을까요? 하늘에 대한 권리에 대해서 말하는 것보다 무조건적인 은혜로 죄인을 하늘로 받아들이는 하나님의 자비를 대단히 기뻐하는 것이 더 낫지 않겠습니까? 나는 아닙니다! 더 낫지 않을 것입니다. 그렇다면 우리는 피의 가치와 왜 피를 흘려야 하는지를 이해해서는 안 되기 때문입니다. 우리는 또한 우리의 죄와 하나님의 은혜에 대한 그릇된 생각을 호의로서 받아들이고 구세주께서 우리를 위해서 성취하신 영광스러운 구속을 온전히 누리는 데 부적합한 상태로 있어야 합니다.

우리는 이미 "하늘에서 사탄이 쫓겨났다."는 것을 말했고, 이 사건에서 거룩하신 하나님은 항상 율법에 따라 행하신다는 것을 보여주셨습니다. 마귀가 율법과 의(義) 외에 다른 방법으로 "쫓겨나지" 않았던 것처럼, 죄인 또한 어떤 다른 방법으로도 받아들여질 수 없습니다. 이사야 선지지가 "시온은 정의로 구속함을 받고 그 돌아온 자들은 공의로 구속함을 받으리라."(사 1:27)고 말했습니다. 사도 바울은 "은혜도 또한 의로 말미암아 왕노릇 한다."(롬 5:21)고 말씀합니다. 이것이 하나님이 그분의 아들을 세상에 보내신 목적입니다. 하늘에 들어갈 권리가 있다고 말하는 것이 은혜를 과소평가할지도 모른다는 두려움 대신에, 그 것은 은혜의 가장 높은 영광이 그 의를 부여하는 것에 있다는 것을 알 수 것입니다.

이 통찰력의 부족이 때때는 그것을 가장 적게 예상할 수 있는 교회에서 발견됩니다. 최근에 나는 그가 죽으면 천국에 갈 소망에 대해서 말하는 사람에게 그가 그의 소망의 근거를 무엇에 두는지 물었습니다. 그는 결코 경솔한 사람도 자신의 의(義)를 신뢰하는 사람도 아니었습니다. 그럼에도 불구하고 그는 "음, 저는 내가 주님을 찾고 그분의 뜻을 행하기 위해서 최선의 노력을 하고 있다고 생각해요."라고 대답했습니다. 나는 그에게 이것은 거룩하신 하나님의 심판대 앞에 설 근거가 없다고 말하자, 그는 하나님의 자비에 호소했습니다. 내가 그에게 다시 자비 이상이 필요했다고 말했을 때, 오직 그에게 천국에 들어갈 수 있도록 허락하는 것은 그것이 하나님의 의(義)였다는 것을 들어서 알아야 할 새로운 것이 보이기 시작했습니다. "믿음으로 의롭다함을 받는다."는 설교를 듣지만, 법적으로 의롭다는 선언을 받는 것 외에는 영원한 축복의 몫을 얻을 수 없다는 것을 전혀 모르는 사람이 많다는 것은 두려운 일입니다.

완전히 다른 것은 그의 지적 능력을 충분히 활용하지 못했지만, 그의 마음에 하나님의 영이 예수님이 십자가에 못박히신 의미를 이해하도록 깨우친 어느 소년의 간증이었습니다. 그는 그의 죽음의 순간에 그는 소망에 관한 질문을 받았을 때, 그는 그의 많은 죄, 아주 많은 죄가 기록된 페이지의 책, 큰 책이 있다는 것을 암시했습니다. 그 때에 그의 오른 손가락으로 거기에 있는 못 자국을 가리키면서, 그의 왼손바닥을 가리켰습니다. 말하자면, 찔린 손에서 무엇인가를 취해서, 그는 그것이 나타내는 피를 생각하고 있었으며 그 책의 페이지에 기록된 모든 죄가 어떻게 지금 완전히 덮여졌는지를 보여 주었습니다. 어린 양의 피가 그의 소망의 근거였습니다.

어린 양의 피는 믿는 죄인들에게 천국에 들어가는 권리를 줍니다. "보라 세상 죄를 지고 가는 하나님의 어린 양이로다."(요 1:29) 피를 흘리심으로, 주님은 참으로 죄의 형벌을 당하셨습니다. 주님은 참으로 우리를 대신해서 자신을 죽음에 내 주셨습니다. 주님은 그분의 생명을 "많은 사람의 대속물"(마 20:28)로 주셨습니다. 형벌이 지워져서 우리 주님의 피가 실제로 대속물로 흘려져서 하늘에 계신 하나님의 보좌 앞에 나타났으니, 이제는 하나님의 의(義)가 죄인의 보증인으로 율법의 모든 요구가 성취되었다고 선언합니다. 믿음은 단지 그리스도께서 나를 위해서 실제로 모든 일을 하셨다는 것, 즉 하나님의 의(義)의 선언은 단지 율법과 의(義)에 따라서 내가 구원의 자격이 있다는 것을 그분이 선언하셨다는 것을 인정하는 것입니다. 하나님의 은혜는 내게 천국에 들어갈 의(義)를 줍니다. 어린 양의 피는 이 의(義)의 증거입니다. 내가 그 피로 깨끗하게 되었다면, 나는 천국에 들어갈 의(義)가 있다는 완전한 확신으로 죽음을 맞이할 수 있습니다.

여러분은 천국에 들어가기를 원하고 소망합니까? 그러면 하나님의 보좌 앞에 자리를 잡을 그들은 누구인가? 라는 질문에 주어진 답에 귀를 기울이십시오. "어린 양의 피에 그 옷을 씻어 희게 하였느니라." 씻음은 천국에서가 아니라, 그리고 죽을 때가 아니라, 여기 세상에 우리의 생명이 있는 동안에 일어납니다. 여러분이 그 보배로운 피로 깨끗해지지 않았거나, 정말로 깨끗해지지 않았다면, 하늘의 소망으로 자신을 속이지 마십시오. 예수님 자신이 그분의 피로 여러분을 깨끗하게 하셨다는 것을 모르고, 감히 죽음을 맞이하지 마십시오.

### 2. 피는 또한 천국에 대한 만남을 줍니다.

그것을 즐기기에 적합하지 않다면, 사람들이 어떤 것에 대한 권리를 갖는 것은 아무 쓸모가 없습니다. 그러나 값비싼 선물도 그것을 간직하는데 필요한 내적인 마음가짐이 부족하다면 쓸모가 없습니다. 그것을 위해서 준비되지 않은 사람에게 천국에 들어가는 권리를 주는 것은 그들에게 기쁨을 주지 못하고 모든 하나님의 일의 완벽함과 충돌할 것입니다.

예수님의 피의 능력은 죄인을 위해서 천국의 문을 열어 놓을 뿐만 아니라, 그가 천국에 들어갈 때, 피는 하늘의 축복과 그가 서로 실로 잘 맞는 그런 신성한 것으로 그에게 영향을 미칩니다.

천국의 축복을 주는 것은 무엇이며, 그에 적합한 자질이 무엇인가는 우리의 본문에 이어지는 말씀에서 봅니다. "그러므로 그들이 하나님의 보좌 앞에 있고 또 그의 성전에서 밤낮 하나님을 섬기매 보좌에 앉으신 이가 그들 위에 장막을 치시리니 그들이 다시는 주리지도 아니하며 목마르지도 아니하고 해나 아무 뜨거운 기운에 상하지도 아니하리니 이는 보좌 가운데에 계신 어린 양이 그들의 목자가 되사 생명수 샘으로 인도하시고 하나님께서 그들의 눈에서 모든 눈물을 씻어 주실 것임이라."(계 7:15-17)

하나님과 어린 양께 가까이 가서 교제하는 것은 하늘의 축복이 됩니다. 하나님의 보좌 앞에서 그분의 얼굴을 뵙고, 그분의 성전에서 밤낮 그분을 섬기며, 보좌에 앉으신 그분의 보호를 받고, 어린 양에 의해서 공급을 받고 인도를 받는다는 이 모든 표현은 천국의 축복이 하나님과 어린 양보다 다른 어떤 것에 달려있지 않다는 것을 지적합니다. 하나님과 어린 양을 뵙고, 그분들과 교제하고, 그분들의 인정을 받고, 그분들의 사랑을 받고 그분들의 돌보심을 받는 것, 그것이 축복입니다. 하나님과 어린 양과 그런 교제를 갖으려면, 어떤 준비가 필요합니까? 그것은 두 가지가 있습니다.

(1) 마음과 뜻의 내적 일치

(2) 피로 얻는 그분께 가까이 가는 것과 교제하는 기쁨

(1) 하나님의 뜻과 완전히 일치하지 않고는 천국에 대해서 적합한지에 대해서 생각할 수 없습니다.

하나님의 뜻과 일치하지 않는다면, 어떻게 하나님과 함께 존재할 수 있습니까? 하나님은 거룩한 분이시기 때문에 죄인은 그의 죄에서 깨끗하게 되어야 하고 거룩하게 되어야 합니다. 그는 천국의 행복을 만들어 내는데 아주 부적합니다. "거룩함을 따르라 이것이 없이는 아무도 주를 보지 못하리라."(히 12:14) 사람의 온 본성이 단지 명령을 지키는 순종의 문제가 아니라, 그가 할 수 없거나 그렇게 할 수 없기 때문에, 그가 하나님을 기쁘시게 하는 것을 생각하고 바라고 의지하고 행동하는 것이 될 수 있도록 새롭게 되어야 합니다. 거룩이 반드시 그의 본성이 되어야 합니다.

이것이 바로 어린 양의 피가 처리했던 것을 우리가 보았던 것이 아닙니까? "그의 아들 예수의 그리스도의 피가 모든 죄에서 우리를 깨끗하게 하실 것이요."(요일 1:7-흠정역) 화목과

용서가 성령에 의해서 적용되고 살아 있는 믿음으로 유지되는 곳에 피는 죄의 정욕과 욕망을 죽이는 하나님의 능력으로 역사합니다. 피는 끊임없이 깨끗하게 하는 능력을 발휘합니다. 피속에는 예수님의 죽음의 능력이 역사합니다. 우리는 죄로 그분과 함께 죽었습니다. 피와 믿음의 교제를 통해서 예수님의 죽음의 능력은 보이지 않는 우리의 삶의 가장 깊은 부분을 무겁게 짓누릅니다. 피는 죄의 능력을 깨뜨리고 모든 죄에서 깨끗하게 합니다.

피는 또한 성화시킵니다. 우리는 깨끗케 하는 것이 죄를 없애는 구원의 한 부분임을 보았습니다. 피는 이보다 더 많은 것을 처리합니다. 피는 하나님을 위해서 우리를 소유하고 그분이 그분의 피를 흘리셨을 때 예수님 안에 있었던 동일한 처분을 내면적으로 부여합니다. 그 피를 흘리심으로 그분은 우리를 위해 자신을 거룩하게 하셨습니다. 그 결과 우리를 진리로 거룩하게 하셨습니다. 우리가 그 거룩한 피가 기쁨이 되어 몰두할 때, 하나님의 뜻과 영광에 전적으로 굴복하는 능력, 즉 주 예수의 사랑을 불어넣은 하나님의 사랑에 거하기 위해서 모든 것을 희생하는 능력이 우리 안에서 효력을 발휘합니다.

피는 자신을 비우고 포기하도록 우리를 거룩하게 합니다. 그리하여 하나님이 우리를 소유하시고 우리를 그분 자신으로 채우십니다. 이것이 하나님에 의해서 소유되고 하나님에 의해서 채워지는 것, 즉 진정한 거룩입니다. 이것은 어린 양의 피로 이루어졌습니다. 그러므로 우리는 여기 세상에서 말할 수 없는 기쁨으로 하늘에서 하나님을 만날 준비가 되어 있는 것입니다.

(2) 하나님과 한 뜻을 갖는 것 외에도, 우리는 천국을 위해 적합한 것은 하나님과의 교제를 즐기려는 갈망과 역량에 있다고 말씀했습니다.

이것으로 또한 피는 여기 세상에서 진정한 천국에 대한 준비를 하도록 합니다. 우리는 피가 우리를 제사장과 같은 접근을 하게 해서 어떻게 하나님께 가까이 가게 하는지를 보았습니다. 참으로 우리는 피로 하나님이 임재하시는 "지성소"로 들어가 거기에 우리가 거할 거처를 마련할 자유가 있습니다. 우리는 하나님이 이해할 수 없는 가치를 피에 두셔서 피가 뿌려지는 곳에 그분의 은혜의 보좌가 있다는 것을 보았습니다. 마음 자체가 피의 완전한 효력 아래 있을 때, 거기에 하나님이 거하시고 거기에서 그분의 구원이 경험됩니다. 피는 하나님과 교제의 실천을 가능하게 하며, 어린 양이신 주 예수 그리스도와 교제의 실천을 가능하게 합니다. "내 살을 먹고 내 피를 마시는 자는 내 안에 거하고 나도 그의 안에 거하느니라."(요 6:56)는 주님의 말씀을 잊어버렸습니까? 피의 능력의 완전한 축복은 피의 최고의 효력 안에서 예수님과 완전한 영속적인 연합입니다. 사람과 주 예수님으로부터 피를 분리하는 일을 하는 것은 오직 우리의 불신앙일 뿐입니다. 그분의 피로 깨끗하게 하시고 우리를 가까이 이끄셔서, 마시게 하시는 분은 그분 자신입니다. 우리가 아버지와 같이 하늘에서 예수님과 완전한 교제를 하도록 적합하게 된 것은 오직 피를 통해서입니다.

구속받은 그대들이여! 여기서 여러분은 천국에 대한 강한 영향을 주고, 심지어 여기에서도 천국에 관심이 있게 하는데 필요한 것이 무엇인지를 알 수 있습니다. 위에 있는 하늘의 은혜의 보좌에 항상 자리 잡고 있는 피가 항상 그 능력을 또한 여러분의 마음속에 맹백하게 나타나는 것을 보십시오. 그러면 여러분의 삶은 하나님과 어린 양과 끊임없는 교제, 즉 영원한 영광중에 있는 생명을 미리 맛보게 될 것입니다. 피가 이미 여기 세상에서 하늘의 축복을 주었다는 것을 여러분의 영혼 속에 깊숙이 들어가도록 하십시오. 보배로운 피는 이 세상에서의 삶과 천국에서의 삶을 만듭니다.

### 3. 피는 하늘의 노래에 주제가 됩니다.

우리가 지금까지 말한 것은 구속에 관해 이전에 언급한 것에서 따온 것입니다. 하지만 이 그들의 경험과 증언은 어디까지일까요? 우리는 이것에 관해 그들 자신의 입에서 무엇인가 얻은 것이 있을까요? 이것에 관해서 그들 자신의 입에서 우리가 무엇인가 얻고 있습니까? 그렇습니다. 그들은 그들 자신이 증언이 됩니다. 우리의 본문에서 계속된 노래에서 그들은 "구원하심이 보좌에 앉으신 우리 하나님과 어린 양에게 있도다."(계 7:10)라고 큰 소리로 외치는 것을 들었습니다. 그분의 피를 흘리신 어린 양으로 주 예수님이 보좌 한 가운데 계시는 것은 죽임을 당하신 어린 양 자격으로 입니다. 이와 같이 그분은 구속받은 사람들의 예배의 대상이십니다.

이것은 그들이 부르는 새 노래에서 더욱 분명하게 나타납니다. "두루마리를 가지시고 그 인봉을 떼기에 합당하시도다 일찍이 죽임을 당하사 각 족속과 방언과 백성과 나라 가운데에서 사람들을 피로 사서 하나님께 드리시고 그들로 우리 하나님 앞에서 나라와 제사장들을 삼으셨으니 그들이 땅에서 왕 노릇 하리로다."(계 5:9-10) 또는 책의 시작 부분에 요한 사도가 사용했던 약간 다른 말로 어린 양이 차지한 곳에 관해 하늘에서 보았고 들었던 모든 것의 인상아래서 그는 주 예수님에 대한 첫 언급에서 부르짖었습니다, "...우리를 사랑하사 그의 피로 우리 죄를 씻으시고 그의 아버지 하나님을 위하여 우리를 나라와 제사장으로 삼으신 그에게 영광과 능력이 세세토록 있기를 원하노라 아멘."(계 1:5-6)

끊임없이 어린 양의 피는 구원받은 사람들로 하여금 그들의 기쁨과 감사의 노래를 계속 불러일으키는 능력이 됩니다. 왜냐하면 십자가의 죽으심에서 그분이 자신을 그들을 위해서 내어 주시고, 자신을 위해 그들을 얻으신 희생이 일어났기 때문입니다. 왜냐하면 또한 피는 그분이 행하셨던 것과 그분으로 하여금 그렇게 하도록 움직이게 했던 사랑의 영원한 인장(印章)이기 때문이며, 그것은 또한 무한히 넘쳐흐르는 하늘의 행복의 샘으로 남아있기 때문입니다.

이것을 더 잘 이해할 수 있기 위해서 "우리를 사랑하사 그의 피로 우리 죄에서 우리를 씻으신 분."(계 1:5-흠정역)이란 말씀을 주목하십시오. 예수님의 피에 대한 우리의 모든 생각에서,

우리는 지금까지 의도적으로 거기에 멈출 기회가 없었습니다. 그리고 피가 의미하는 모든 영광스러운 것들 중, 이것은 가장 영광스러운 것입니다. 그분의 피는 그분의 사랑의 자국, 수단이며, 그렇습니다, 주는 것입니다. 그분의 피를 매번 적용할때마다, 그분이 영혼이 피의 능력을 경험하게 할 때마다, 그분의 놀라운 사랑이 생기 넘치게 넘쳐흐릅니다. 영원히 피의 능력을 완전히 경험하는 것은 그분의 사랑의 신선한 발로(發露)입니다. 영원히 피의 능력을 완전히 경험하는 것은 그분이 하나님으로서, 영원하고 끝없는, 이해할 수 없는 사랑으로 우리를 위해 자신을 어떻게 포기하셨고, 우리에게 자신을 내어주셨는가에 대한 완전한 계시뿐입니다. "우리를 사랑하사 그의 피로 우리 죄에서 우리를 씻으신 분"(계 1:5-흠정역).

이 사랑은 실로 측량할 수 없습니다. 그분을 그렇게 하시도록 움직였던 것은 사랑이 아니었습니까? 그분은 우리를 위해 자신을 내어 주시고, 우리를 위해 죄인이 되시고, 그 분은 우리를 위해 저주를 받으셨습니다. 하나님이 그분의 영으로 우리에게 그것을 계시하지 않으셨다면, 누가 감히 그런 말을 쓰며, 누가 감히 그런 일을 생각할 수 있었겠습니까? 그분이 정말로 자신을 우리를 위해 내어주신 것은 그분이 그렇게 하셔야만 하도록 되어 있었기 때문이 아니라, 우리가 영원히 그분과 동일시될 수 있도록 하시기 위해서 정말로 우리를 열망하셨던 사랑의 충동이셨습니다.

왜냐하면 그것은 매우 신적인 경이로움이기 때문에, 우리는 그것을 거의 느끼지 못합니다. 하지만, 주님을 찬양하십시오! 우리가 그것을 느낄 때가 오고 있습니다. 하늘의 생명을 공유하는 끊임없는 직접적인 사랑의 공유 아래에서 우리는 그 사랑으로 채워지고 만족하게 될 것입니다. 그렇습니다. 주님을 찬양하십시오! 피에 대한 보다 많은 지식과 더 완전한 신뢰를 통해 성령께서 "우리 마음에 하나님의 사랑"(롬 5:5)을 더 강력하게 널리 비추실 것이라는 소망이 있다는 것을 여기 세상에서도 듣습니다. 어린 양에 대한 사랑으로 가득 찬 우리의 마음과 여기 세상에서, 믿음으로, 하늘에서 이루어진 것을 본 것과 같이 그분에 대한 찬양으로 가득 찬 우리의 입술을 막을 것은 아무것도 없습니다. 피의 능력에 대한 각각의 경험은 점차 예수님의 사랑의 경험이 될 것입니다.

"피"라는 말에 너무 중점을 두는 것은 바람직하지 않다고 합니다. 그것은 귀에 거슬리게 들리기 때문에 피로 표현된 생각을 말하거나 생각하는 것을 우리의 현대의 습관에 따라 더 많은 방식으로 전달될 수 있다고 합니다.

나는 이 관점을 내가 공유하지 않는다는 것을 인정해야 합니다. 나는 그 말씀이 요한에게서가 아니라, 주님 자신으로부터 온 말씀으로 받아들입니다. 나는 피를 담고 있는 노래가 우리에게 와서 우리의 이해를 뛰어 넘는 축복의 능력 그 자체로 이르는 곳에 하나님의 영에 의해 선택된 말씀이 그분으로 말미암아 그 영원한 생명의 능력으로 살아있게 하시고 채워졌음을 진심으로 확신합니다. 표현을 우리가 생각하는 방식으로 바꾸는 것은 인간의 번역의 모든 결함이 있습니다. "성령이 교회들에게 하시는 말씀."(계 2:7)을 듣고 경험하기를 원하는 사람은 영원한 기쁨과 능력이 가장 특이한 방식으로 내포된 말씀으로 하늘에서 나온 것으로 믿음으로 말씀을 받아들일 것입니다. "그의 피"와 "어린 양의 피"라는 그와 같은 표현은 "지성소"를 하나님의 영광의 자리로 만들고, "새 노래"(계 14:3)를 즐거운 어조로 영원히 울려 퍼지게 할 것입니다.

어린 양의 피로 인한 하늘의 기쁨, 그것은 이 세상에서 한 마음으로 피의 능력에 자신을 넘겨주는 사람과 무엇보다도 하늘에서 보좌 주위 무리 가운데에 자리를 차지할 가치가 있는 모든 사람의 몫이 될 것입니다.

구속받은 나의 친구들이여! 우리는 하늘에 있는 사람들이 무엇을 말하고 그들이 피에 대하여 어떻게 노래하는지를 배웠습니다. 우리 주님이 의도하셨던 이런 소식이 우리에게 효력을 미칠 수 있도록 진지하게 기도합시다. 우리는 실제로 천국에서 살려면 피의 완전한 능력 안에 머물러야할 필요가 있다는 것을 보았습니다. 피는 하늘로 들어가는 권리를 줍니다.

화목의 피는 하늘 집에 있는 사람들에게 속한 온전하고 살아있는 의식을 영혼 속에 작용합니다. 피는 우리를 실제로 하나님께 가까운 "지성소."로 데려옵니다. 피는 우리를 천국에 적합하게 만듭니다.

깨끗하게 하는 피로 피는 우리를 죄의 정욕과 능력으로부터 구해내서 거룩하신 하나님의 빛과 생명의 교제 안에서 보전합니다. 피는 하늘에서 찬양의 노래를 불러일으킵니다. "우리를 사랑하셔서 우리를 자신을 버리셨던."(엡 5:2) 어린 양의 피로, 그것은 우리를 위하여 하신 일을 말할 뿐만 아니라, 주로 모든 것을 행하신 주님을 말합니다. 피 안에 우리는 그분 자신에 대해 전하는 가장 완벽한 정보을 가지고 있습니다. 믿음으로 피가 무엇을 할 수 있는지를 최대한 경험하기 위해서 자신을 맡기는 사람은 곧 천국 자체만이 능가할 수 있는 찬양과 사랑의 행복한 노래의 삶으로 들어갈 것입니다.

구속받은 나의 친구들이여! 이 삶은 여러분과 나를 위한 것입니다. 피가 경외심을 일으키는 놀라운 십자가에서뿐만 아니라, 보좌에서도 모든 우리의 영광이 되기를 기원합니다. 어린 양의 피가 살아 있는 샘속으로 깊이 그리고 늘 깊이 뛰어 들어갑시다. 피의 효력을 위해서 우리 마음을 넓게 그리고 항상 넓게 열도록 합시다. 영원한 제사장이 직접 끊임없이 그 피를 우리에게 적용하셔서 우리를 깨끗하게 하신다는 것을 확고하게 그리고 항상 확고하게 믿도록 합시다. 아무 것도 그리고 아니 아무것도 피의 능력을 경험하지 못하게 하는 것이 우리 마음속에 있을 수 없도록 불타는 그리고 항상 불타는 소원으로 기도하도록 합시다. "주의 피로...우리를 구속하셔서 하나님께 드리신 분"(계 5:9-흠정역) 외에 아무것도 모르는 큰 무리들의 노래에 기쁘게 그리고 늘 기쁘게 동참하도록 합시다.

이 땅에서 우리의 삶이 당연히 "...우리를 사랑하사 그분의 피로 우리의 죄를 씻으시고 그분의 아버지 하나님을 위하여 우리를 나라와 제사장으로 삼으신 그분"(계 1:5-6), 오, 우리의 사랑하는 주님께 유일한 끊임없는 노래가 되기를 기원합니다.

"그분께 영광과 통치가 영원무궁토록 있을지어다."(벧전 5:11-흠정역) 아멘.